仏単語ピーナツ
BASIC 1000

彦坂メアリー／キム・ジュンホ ◆共著

PEANUT

南雲堂

協力者を紹介させていただきます。

仏文校閲
Peggy HEURE

校正協力
河合 美和

作詞
川村 徹

イラスト
はまの ふみこ

カバー・本文デザイン
銀月堂

ナレーター
Peggy HEURE
彼方 悠璃

制作
日本ハイコム（株）
（有）松村製本所

編集
加藤 敦
伊藤 宏実

ありがとうございました。

1000

まえがき

　初めてフランス語に触れる方なら，誰しもフランス人やフランス語圏の人が日常的に用いる単語や表現を学びたいと思うでしょう。しかし，フランス語圏から遠く離れた国に住む私たちにとって，フランス語に触れる機会はそう多くはありません。もちろん，今日の社会ではグローバル化が進み情報も溢れていますから，インターネットで検索をしたり，日本に滞在するフランス語圏の人に会ったりすることもできますが，「語学の習得」という観点に立つと，やはりそれだけでは不十分でしょう。そこで，フランス語を学びたいと願う初心者の方が，実生活に役立つ表現を効率的かつ的確に身に付けることができるよう，本書を執筆しました。

　本書は33項目で構成され，家族から先端技術まで，あらゆる分野に関する表現を収録しています。全て二語以上の単語からなる表現を紹介しておりますので，たくさんの単語を覚えることができますし，その単語同士の慣用句的なつがなりも併せて学ぶことができます。ここで紹介している表現は，私たちのフランス語圏での生活，さらには翻訳・通訳の仕事の中で繰り返し出てきた使用頻度の高いものばかりです。これらを学ぶことで，初心者の方もフランス語の語感を養い，その表現を使いこなせるようになるでしょう。

　本書の中間には私たちがフランス人やフランス語圏のスイス人との交流の中で遭遇した面白いエピソードや失敗談などを10のコラ

ムとして織り込みました。フランス語を学ぶ上で難題に直面することもありますが，そうしたときに学習者の皆さんのモチベーションを高めるヒントになるのではないかと思います。

　著者の私たち二人は，数年前に留学先のスイス・ローザンヌ市で出会いました。当時，フランス語のネイティブではない私たちの共通言語はフランス語でした。外国語を駆使するのは決して容易ではありません。しかしながら，その言語を母語とする人が使う表現を自分のものにしていくことで，ネイティブでなくともフランス語を使ってコミュニケーションを図ることは十分に可能なのです。今まさにフランス語の世界へ一歩を踏み出した皆さんも，きっと近い将来にはフランス語を思いのままに駆使しているに違いありません。本書を通じて学習者の皆さんがフランス語の魅力により引き込まれ，本書が皆さんの上達を手助けする一冊となることを心より願っております。Bon courage !

　最後に，本書の執筆にあたって，家族，友人，そして多くの関係者からご協力を賜りました。記して感謝の意を表します。

彦坂メアリー / キム・ジュンホ

この本の使い方

★ピーナツ方式で，一気に 1600 語以上を食べてしまおう！

　ピーナツには豆が 2 つ入っていますね。『仏単語ピーナツ』も「形容詞＋名詞」や「動詞＋名詞」などの連語からできています。

　たとえば「今度の月曜日」という意味の lundi prochain というフレーズには，lundi（月曜日）という名詞と prochain（今度の）という形容詞の 2 つの単語が含まれています。このようなカタマリを学習すると，複数の単語をいっぺんに覚えることができます。

　本書では，このような，仏単語のピーナツ，つまり連語が，1 ページに 10 個，全部で 1000 個入っています。

　1000 個といっても，一つ一つの連語には複数の単語が含まれているわけですから，この 1 冊で，合計 1600 語以上の仏単語をマスターすることができるわけです。

　次に，本書と音声 CD を使った学習方法を紹介します。（CD は 20 個ごとに録音されています）まずは日本語→フランス語の流れで食べていきます。単語のスペリングを 2 字か 3 字ヒントとして与えてありますから，これを頼りに全体のスペリングを思い出してください。頭の中でやってもかまいませんが，最初のうちは紙に書いていくことを勧めます。わからない単語は，左側の ABC 順に並んだお助けリストから選んで，素直に書き写しましょう。答えは裏のページにあります。ヒントだけで食べられたピーナツには，印をつけておきましょう。7 ページの見本にあるように，正の字を書いて

もいいし，日本語の周囲を線で囲んでもいいでしょう。
　この学習法にピッタリの日本語→フランス語の流れの音声データを別途ダウンロード販売（本体価格400円）しています。デジタルオーディオプレーヤーなどに入れて持ち歩き，1000個のピーナツを完全に消化してしまいましょう。
DL-MARKET http://www.dlmarket.jp/『仏単語ピーナツ』で検索（けんさく）！

　日本語→フランス語の流れで食べ終わったら，今度は逆にフランス語の連語を先に見て，日本語に変換する練習をしてみましょう。この練習をするときには，「ピー単」を反対側からめくっていくとよいでしょう。
　また，発音の練習として，CDのあとに続いてフランス語をリピートしてみるのもよいでしょう。

★さあ，それでは早速ピーナツを食べ始めましょう！

◀発音→発音注意を示す
※（　）は「女性形」を示す
　［　］は「直前の部分と交換可能」を示す
　〔　〕は「省略可能」を示す

1000

テーマ・分野別

チェック欄・使い方自由

ピー君です。
厳しくやさしい
トレーナー

君と学習するの
を楽しみにして
いたよ！

家族

1	家族の一員
✓✓✓	un m...re de la f...lle

2	2児の父親
✓✓□	le p..e de d..x e...nts

3	優しい母親
✓□□	une m..e te..re

4	ママとパパ
□□□	m..an et p..a

問題文

5	未来の夫
□□□	un f..ur m..i

ヒントです

6	妊娠した妻
□□□	une f..me en...nte

7	長男
□□□	un f..s a..é

正 正 下

正答回数の記録を書こう

8	末っ子の娘
□□□	une f..le c...tte

9	一人っ子
□□□	un e...nt u...ue

10	一卵性双生児
□□□	de v..i(e)s j...aux(elles)

最初は指でかくす。

aîné
cadette
deux
enceint
enfant
famille
femme
fille
fils
futur
jumeaux
maman
mari
membre
mère
papa
père
tendre
unique
vrai

お助けリスト
（ABC順。動詞は不定詞、不規則な変化になる名詞・形容詞以外は男性形単数で記載しています。）

仏語 français

家族

君と学習するのを楽しみにしていたよ！

1	家族の一員
	un m...re de la f...lle

2	2児の父親
	le p..e de d..x e...nts

3	優しい母親
	une m..e te..re

4	ママとパパ
	m..an et p..a

5	未来の夫
	un f..ur m..i

6	妊娠した妻
	une f..me en...nte

7	長男
	un f..s a..é

8	末っ子の娘
	une f..le c...tte

9	一人っ子
	un e...nt u...ue

10	一卵性双生児
	de v..i(e)s j...aux(elles)

aîné
cadette
deux
enceint
enfant
famille
femme
fille
fils
futur
jumeaux
maman
mari
membre
mère
papa
père
tendre
unique
vrai

CD 2

1 un membre de la famille

2 le père de deux enfants

3 une mère tendre
[tɑ̃dʀ]

4 maman et papa

5 un futur mari [époux]

6 une femme [épouse] enceinte
[ɑ̃sɛ̃t]

7 un fils aîné
[fis] ◀発音 [ene]

8 une fille cadette
[fij]

9 un enfant unique

10 de vrai(e)s jumeaux(elles)
[ʒymo(ɛl)] ◀発音

仏語
français

> 蝶ネクタイの準備よし。勉強の準備万端だ！

célibataire
charmant
cousin
famille
frère
grand
grand-mère
grand-père
maternel
mignon
neveu
nom
oncle
paternel
petit-fils
petit
proche
riche
sœur
tante

11 兄
un g..nd f..re

12 妹
une p...te sœ.r

13 母方の祖父
un gr..d-p..e ma...nel

14 父方の祖母
une gr..d-m..e pa...nelle

15 かわいい孫息子（孫娘）
un(e) p...t-f..s (p...te-fille) m...on(ne)

16 裕福な祖父
un o...e r..he

17 独身の祖母
une t..te cé....taire

18 愛嬌のある甥（姪）
un(e) n...u (nièce) ch...ant(e)

19 親しい従兄弟（従姉妹）
un(e) p...he c...in(e)

20 名字
le n.m de f...lle

| 11 | **un grand frère** |

| 12 | **une petite sœur** |
| | [sœʀ] |

| 13 | **un grand-père maternel** |

| 14 | **une grand-mère paternelle** |

| 15 | **un(e) petit-fils (petite-fille) mignon(ne)** |
| | [miɲɔ̃(ɔn)] |

| 16 | **un oncle riche** |
| | [ɔ̃kl] |

| 17 | **une tante célibataire** |

| 18 | **un(e) neveu (nièce) charmant(e)** |
| | [n(ə)vø] |

| 19 | **un(e) proche cousin(e)** |

| 20 | **le nom de famille** |

21	祖先とその子孫
□□□	des anc...es et leurs d....ndants

22	〜を名前で呼ぶ
□□□	a...ler *qqn* par son p...om

23	気さくな友人
□□□	un(e) a.i(e) sy....hique

24	感じの良い人たち
□□□	des g..s agré...es

25	寛容な仲間
□□□	un(e) c..ain(copine) g...reux(euse)

26	礼儀正しい招待客
□□□	un(e) i...té(e) p..i(e)

27	勤勉な高校生
□□□	un(e) ly...n(ne) tr...illeur(euse)

28	責任感のある人
□□□	une p...onne res...sable

29	面白いパリ人
□□□	un(e) pa...ien(ne) in...essant(e)

30	忍耐強い秘書
□□□	un(e) sec...aire p...ent(e)

qqn は quelqu'un の略で、「誰か」という意味だよ。

性格・個性

agréable
ami
ancêtre
appeler
copain
descendant
généreux
gens
intéressant
invité
lycéen
parisien
patient
personne
poli
prénom
responsable
secrétaire
sympathique
travailleur

仏 語
français

21 des ancêtres et leurs descendants
[ɑ̃sɛtʀ]

22 appeler *qqn* par son prénom

23 un(e) ami(e) sympathique [sympa]
[sɛ̃patik]

24 des gens agréables

25 un(e) copain (copine) généreux(euse)

26 un(e) invité(e) poli(e)

27 un(e) lycéen(ne) travailleur(euse)

28 une personne responsable

29 un(e) parisien(ne) intéressant(e)
[ɛ̃teʀesɑ̃(ɑ̃t)]

30 un(e) secrétaire patient(e)

#	日本語	フランス語
31	反抗的なティーンエージャー	un(e) a...escent(e) dés....ssant(e)
32	勇敢な消防士	un p...ier c....geux
33	厳しい教師	un(e) e...ignant(e) s...ct(e)
34	おしゃべりな隣人	un(e) v...in(e) b...rd(e)
35	内気な男の子	un g...on t...de
36	退屈な発言者	un(e) o...eur(trice) en...eux(euse)
37	意地悪な女の子	une f..le mé...nte
38	傲慢な金持ち	un r..he arr...nt
39	社交的になる	de...ir s...able
40	ある誠実な人	q...qu'un de s...ère

adolescent
arrogant
bavard
courageux
désobéissant
devenir
ennuyeux
enseignant
fille
garçon
méchant
orateur
pompier
quelqu'un
riche
sincère
sociable
strict
timide
voisin

31 un(e) adolescent(e) désobéissant(e)
[adɔlesɑ̃(ɑ̃t)] [dezɔbeisɑ̃(ɑ̃t)]

32 un pompier courageux

33 un(e) enseignant(e) strict(e)

34 un(e) voisin(e) bavard(e)

35 un garçon timide
[gaʁsɔ̃]

36 un(e) orateur(trice) ennuyeux(euse)
[ɑ̃nɥijø(øz)] ◀発音

37 une fille méchante

38 un riche arrogant
[aʁɔgɑ̃]

39 devenir sociable

40 quelqu'un de sincère
[sɛ̃sɛʁ]

仏 語
français

単語の発音は、CDと発音記号を参考にしてね。

41	楽観的な態度
	une at...ude optimiste

42	悲観的な見方
	une v...on pessimiste

外見・容姿

43	ブロンドの長い髪の毛
	de l..gs ch...ux b...ds

44	黒色の短い髪の毛
	de c...ts ch...ux n...s

45	茶色のカールのついた髪の毛
	des ch...ux b...s b...lés

46	栗色の滑らかでつやのある髪の毛
	des ch...ux chât...s l...es

47	赤色の量の多い髪の毛
	des ch...ux r..x ab...ants

48	緑色の大きな目
	de g...ds y..x v...s

49	青色の小さな目
	de p...ts y..x b...s

50	喜びできらきら輝いた目
	les y..x pé....ants de j..e

abondant
attitude
bleu
blond
bouclé
brun
châtain
cheveux
court
grand
joie
lisse
long
noir
pétillant
petit
roux
vert
vision
yeux

CD 4

41 une attitude optimiste

42 une vision pessimiste

43 de longs cheveux blonds
[ʃ(ə)vø]

44 de courts cheveux noirs

45 des cheveux bruns bouclés
[bʀœ̃]

46 des cheveux châtains lisses
[ʃatɛ̃]

47 des cheveux roux abondants

48 de grands yeux verts
[vɛʀ]

49 de petits yeux bleus

50 les yeux pétillants de joie
[petijɑ̃] ◀発音

ピー単は一度始めるとやめられない。

51	切れ長の目をした人形
	une p...ée aux yeux b...és
52	平べったく丸い顔
	le v...ge r..d et p..t
53	しわのない卵型の顔
	le v...ge o...e sans r...es
54	ニキビに覆われた面長の顔
	le v...ge a....gé c...ert de b...ons
55	大きな赤鼻
	le g..s n.z rouge
56	高くとがった鼻
	le n.z d...t p...tu
57	平べったく小さい鼻
	le petit n.z p..t
58	柔らかく厚い唇
	les lè...s é....ses et m...es
59	血の気のない薄い唇
	les lè...s f..es et p..es
60	老紳士
	un v..ux monsieur

allongé
bouton
bridé
couvert
droit
épaisse
fin
gros
lèvre
molle
nez
ovale
pâle
plat
pointu
poupée
ride
rond
vieux
visage

51 une poupée aux yeux bridés
　　　　　　　　　　　　　[jø] ◀発音

52 le visage rond et plat

53 le visage ovale sans rides

54 le visage allongé couvert de boutons [d'acné]

55 le gros nez rouge

56 le nez droit pointu
　　　　　　　　[pwɛ̃ty]

57 le petit nez plat

58 les lèvres épaisses et molles
　　　[lɛvʀ]

59 les lèvres fines et pâles

60 un vieux monsieur
　　　　[vjø]

このピーナツの味もなかなかだな。

61	美しい女性
	une b...e f..me

62	醜い怪獣
	un m...tre l..d

63	背が高く太った王
	un r.i grand et g..s

64	背が低く痩せた王女
	une p....esse petite et m..ce

65	不運な偶然
	un m...eureux h...rd

66	幸せな子ども時代
	une e...nce h...euse

67	にこやかな受付係
	un(e) ré....ion..ste s...iant(e)

68	悲しそうな顔つき
	un r...rd t...te

69	不安にさいなまれた親
	des p...nts a....ssés

70	待ちきれない読者
	un(e) l...eur(trice) i....ient(e)

感情・人間関係

angoissé
belle
enfance
femme
gros
hasard
heureux
impatient
laid
lecteur
malheureux
mince
monstre
parent
princesse
réceptionniste
regard
roi
souriant
triste

CD 5

61 une belle femme

62 un monstre laid
    [lɛ]

63 un roi grand et gros

64 une princesse petite et mince

65 un malheureux hasard
    [malørʀø]

66 une enfance heureuse
    [ørøz]

67 un(e) réceptionniste souriant(e)

68 un regard triste

69 des parents angoissés

70 un(e) lecteur(trice) impatient(e)

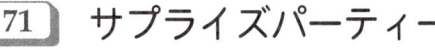

「フランス語で愛の告白なんて、なんだかロマンチック。」

71	サプライズパーティー
□□□	une f..e s...rise

72	ショックな出来事
□□□	un év...ment c...uant

73	神経質な笑い
□□□	un r..e n...eux

74	感動に満ちた心
□□□	un cœ.r é.u

75	深い悲しみ
□□□	la pr...nde tr...esse

76	将来に対する不安
□□□	l'in...étude pour l'a...ir

77	固い友情
□□□	l'a...ié s...de

78	親友
□□□	un(e) m...leur(e) a.i(e)

79	親子関係
□□□	la r...tion parents-e...nts

80	結婚したカップル (夫婦)
□□□	un c...le m...é

ami
amitié
avenir
choquant
cœur
couple
ému
enfant
événement
fête
inquiétude
marié
meilleur
nerveux
profond
relation
rire
solide
surpris
tristesse

71) **une fête surprise**

72) **un événement choquant**

73) **un rire nerveux**
　　　[ʀiʀ]　　[nɛʀvø]

74) **un cœur ému**
　　　[kœʀ]

75) **la profonde tristesse**

76) **l'inquiétude pour l'avenir**

77) **l'amitié solide**

78) **un(e) meilleur(e) ami(e)**
　　　　　　[mɛjœʀ]

79) **la relation parents-enfants**

80) **un couple marié**

仏語 français

> *qqc* は quelque chose の略で、「何か」という意味だよ。

81	離婚した男性
□□□	un h..me d...rcé

82	永遠の愛
□□□	un a...r é...nel

83	嫉妬深い恋人
□□□	un(e) a...t(e) j...ux(ouse)

84	一目惚れ
□□□	le c..p de f...re

85	ラブレター
□□□	une l...re de dé....ation d'a...r

86	民法上の結婚
□□□	un m...age ci..l

87	本当の幸せを見つける
□□□	t...ver le vrai bo...ur

88	贈り物をもらう
□□□	re...oir un c...au

89	うれし涙を流す
□□□	pl...er de j..e

90	うれしそうである
□□□	avoir l'a.r c...ent

air
amant
amour
bonheur
cadeau
civil
content
coup
déclaration
divorcé
éternel
foudre
homme
jaloux
joie
lettre
mariage
pleurer
recevoir
trouver

CD 6

81 un homme divorcé

82 un amour éternel

83 un(e) amant(e) jaloux(ouse)
[ʒalu(uz)] ◀発音

84 le coup de foudre
[fudʀ]

85 une lettre de déclaration d'amour

86 un mariage civil

87 trouver le vrai bonheur
[bɔnœʀ]

88 recevoir un cadeau

89 pleurer de joie

90 avoir l'air content

ぴったりの言葉だね！

aimer
attendre
beaucoup
caresser
colère
énervé
envers
éprouver
être
haine
humeur
idéal
impatience
joue
mauvais
mettre
peur
public
rendre
s'embrasser

91	不機嫌である
□□□	ê..e de m...aise h...ur

92	待ち焦がれる
□□□	at...dre avec im....ence

93	〜をいらいらさせる
□□□	re...e qqn é...vé(e)

94	〜を怒らせる
□□□	m...re qqn en c..ère

95	〜が怖い
□□□	avoir p..r de qqc

96	〜を愛する
□□□	a..er qqn bea....p

97	公共の場でキスをする
□□□	s'em...sser en p...ic

98	〜の頬をなでる
□□□	c...sser la j..e de qqn

99	理想の女性を見つける
□□□	trouver la femme i...le

100	〜に対して深い憎しみを感じる
□□□	ép...ver de la h...e e...rs qqn

91 être de mauvaise humeur
[ymœʀ] ◀発音

92 attendre avec impatience

93 rendre *qqn* énervé(e)

94 mettre *qqn* en colère

95 avoir peur de *qqc*
[pœʀ]

96 aimer *qqn* beaucoup

97 s'embrasser en public

98 caresser la joue de *qqn*

99 trouver la femme idéale

100 éprouver de la haine envers *qqn*
[ɛn]

100個 一気食いへの挑戦！

挑戦日	所要時間	正答数
1 　年　月　日	分　　秒	/100
2 　年　月　日	分　　秒	/100
3 　年　月　日	分　　秒	/100
4 　年　月　日	分　　秒	/100
5 　年　月　日	分　　秒	/100
6 　年　月　日	分　　秒	/100
7 　年　月　日	分　　秒	/100
8 　年　月　日	分　　秒	/100
9 　年　月　日	分　　秒	/100
10 　年　月　日	分　　秒	/100

繰り返しは無限の喜びである

仏単語つれづれ草

気まずい状況でも楽しむことを忘れずに！

　私たちはスイスのフランス語圏・ローザンヌ市に留学していたときに，言葉の選択から文法にいたるまで，フランス語に関する間違いを日々の生活の中で何度も繰り返しました。今ではちょっとしたエピソードとして語ることができますが，ミスをしてしまった当時はもちろんのこと，それ以降長い間，思い出すたびに恥ずかしく感じました。

　実際，外国人と接する経験の少なかったフランス語圏の人と初めて会うと，フランス語初心者は落胆することが多いのではないかと思います。もちろん，フランス語での会話はとても楽しく，わくわくする経験であることは間違いありません。しかしその一方で，現地の人たちの発音は明瞭でないことも多く，歯切れの悪い話し方をする人もいます。ですから，午後8時のニュース番組のアナウンサーが語るような「模範的なフランス語」を聞きながらフランス語を学習した私たちにとって，現地で話されている「生のフランス語」は理解しづらいことが多々あります。そしてときには，会話の中できまり悪い思いさえするのです。

　しかし，これもまた語学を勉強する際に通らなければいけない一つの段階であることを忘れてはいけません。私たちの経験上，こういった状況でも楽しむことを忘れない人たちが外国語を最も早く話せるようになるのです。

仏語 français

	101	感情を表す	
	☐☐☐	exp...er ses se....ents	
	102	〜に恋する	
	☐☐☐	to...r am...eux(euse) de *qqn*	
	103	〜を嫌う理由	
	☐☐☐	une r...on de dé...ter *qqn*	
	104	彼氏（彼女）と別れる	
	☐☐☐	qu...er son (sa) p..it(e) ami(e)	
	105	婚約者と別れる	
	☐☐☐	se sé...er de son (sa) f...cé(e)	
	106	長い会話	
	☐☐☐	une l...ue con....ation	
	107	電話番号	
	☐☐☐	le n..éro de télé...ne	
	108	郵便番号	
	☐☐☐	le c..e p...al	
	109	住所録	
	☐☐☐	un c...et d'a...sses	
	110	耐えられない侮辱	
	☐☐☐	une in...te in....ortable	

チャ、チャ、チャ。その調子だ！

adresse
amoureux
carnet
code
conversation
détester
exprimer
fiancé
insulte
insupportable
longue
numéro
petit
postal
quitter
raison
se séparer
sentiment
téléphone
tomber

コミュニケーション

CD 7

101 exprimer [manifester] ses sentiments

102 tomber amoureux(euse) de *qqn*
[amuʀø(øz)]

103 une raison de détester *qqn*

104 quitter son (sa) petit(e) ami(e)

105 se séparer de son (sa) fiancé(e)

106 une longue conversation

107 le numéro de téléphone

108 le code postal

109 un carnet d'adresses

110 une insulte insupportable
[ɛ̃sylt]   [ɛ̃sypɔʀtabl]

ノートに単語を書きながら復習してみよう。

111	小包の郵送
	l'e...i d'un c..is par la p...e

112	話上手である
	p...er bien

113	「はい」／「いいえ」と言う
	d..e oui / non

114	公衆の前で発言する
	pr...re la p...le en p...ic

115	〜を事細かに述べる
	ra....er *qqc* en d...il

116	問題を議論する
	di...ter d'un p...lème

117	秘密を打ち明ける
	c...ier un s...et

118	特別の計らいをお願いする
	de...der une f...ur

119	〜に質問をする
	p..er une q...tion à *qqn*

120	同僚に挨拶をする
	s...er un(e) c...ègue

colis
collègue
confier
demander
détail
dire
discuter
envoi
faveur
parler
parole
poser
poste
prendre
problème
public
question
raconter
saluer
secret

111 l'envoi d'un colis par la poste

112 parler bien

113 dire oui / non

114 prendre la parole en public
[pyblik]

115 raconter *qqc* en détail

116 discuter d'un problème

117 confier un secret
[kɔ̃fje]   [səkRɛ] ◀発音

118 demander une faveur
[favœR]

119 poser une question à *qqn*

120 saluer un(e) collègue

仏語 français

> 綴りを間違えたら、もう一度書き直そう！

121	〜に後で電話する
□□□	a...ler *qqn* plus t..d

122	留守番電話にメッセージを残す
□□□	la...er un message sur son ré...deur

123	メールに返信する
□□□	répondre à un co...iel é...tronique

124	ショートメッセージを送る
□□□	e...yer un t..to

125	〜を心に留めておく
□□□	p...dre n..e de *qqc*

126	〜に気づく
□□□	se r...re co...e de *qqc*

127	〜に口頭で礼をする
□□□	remercier *qqn* de v..e v..x

128	頷く
□□□	d...er un s..ne de tête

129	約束を守る
□□□	t...r sa p...esse

130	意見を変える
□□□	c...ger d'i..e

appeler
changer
compte
courriel
donner
électronique
envoyer
idée
laisser
note
prendre
promesse
répondeur
se rendre
signe
tard
tenir
texto
vif
voix

 CD 8

121. **appeler** [téléphoner à] *qqn* **plus tard**

122. **laisser un message sur son répondeur**

123. **répondre à un courriel électronique**

124. **envoyer un texto**

125. **prendre note de** *qqc*

126. **se rendre compte de** *qqc*
     [kɔ̃t] ◀発音

127. **remercier** *qqn* **de vive voix**
     [r(ə)mɛʀsje]

128. **donner** [faire] **un signe de tête**

129. **tenir sa promesse**

130. **changer d'idée**

仏語 français

体調を崩したときは無理をしないでね。

| 131 | ～をはっきりと覚えている |
| se s...enir cl...ement de *qqc* |

| 132 | ～と見解をともにする |
| p....ger le p..nt de v.e de *qqn* |

| 133 | 友人の招待を断る |
| r...ser l'in...ation d'un a.i |

| 134 | お誕生日おめでとうございます！ |
| B.n a...versaire ! |

| 135 | メリークリスマス！ |
| J...ux N..l ! |

| 136 | 明けましておめでとうございます！ |
| B.nne a..ée ! |

| 137 | ご幸運をお祈り申し上げます！ |
| B.nne ch...e ! |

| 138 | 頑張ってください！ |
| B.n c...age ! |

| 139 | さようなら、またすぐ会いましょう！ |
| Au r...ir et à b...tôt ! |

| 140 | それは残念です。 |
| C'est d...age. |

ami
année
anniversaire
bientôt
bon
chance
clairement
courage
dommage
invitation
joyeux
Noël
partager
point
refuser
revoir
se souvenir
vue

131	se souvenir clairement de *qqc*
132	partager le point de vue de *qqn* [vy] ◀発音
133	refuser l'invitation d'un ami
134	Bon anniversaire !
135	Joyeux Noël ! [ʒwajø]
136	Bonne année !
137	Bonne chance !
138	Bon courage !
139	Au revoir et à bientôt !
140	C'est dommage.

仏語
français

141	ご親切にありがとうございます。
	C'est g...il de votre p..t.

142	どうぞお大事になさってください。
	Pr..ez bien s..n de vous.

143	すみません。
	E...sez-m.i.

144	耳打ち
	de b..che à o...lle

体・健康

145	熱がある
	a..ir de la f...re

146	つわり
	les n...ées m...nales

147	腫れた目
	les y..x g...lés

148	大きな腹
	un g..s v..tre

149	重症
	une bl...ure g..ve

150	胃ガン
	le c..cer de l'e...mac

avoir
blessure
bouche
cancer
estomac
excuser
fièvre
gentil
gonflé
grave
gros
matinal
moi
nausée
oreille
part
prendre
soin
ventre
yeux

CD 9

141 C'est gentil de votre part.

142 Prenez bien soin de vous.

143 Excusez-moi.

144 de bouche à oreille
[ɔʀɛj]

145 avoir de la fièvre

146 les nausées matinales
[noze]

147 les yeux gonflés

148 un gros ventre

149 une blessure grave
[blesyʀ]

150 le cancer de l'estomac

仏 語 français

さあ集中、集中！

151	精神疲労
	la f...gue m...ale

152	ウエストサイズ
	le t..r de t...le

153	死の危険に瀕する
	être en d..ger de m..t

154	眉をひそめる
	fr...er les s...cils

155	目の中のまつ毛を取り除く
	e...ver un c.l dans l'œ.l

156	鼻水が出る
	avoir le nez qui c..le

157	喉が痛い
	avoir m.l à la g..ge

158	舌をやけどする
	se b..ler la l...ue

159	口ひげを生やす
	p..ter la m...tache

160	あご先をなでる
	se g...ter le m...on

brûler
cil
coule
danger
enlever
fatigue
froncer
gorge
gratter
langue
mal
mental
menton
mort
moustache
œil
porter
sourcil
taille
tour

日本語 japonais

151 la fatigue mentale

152 le tour de taille
　　　　　　　　　　[taj]

153 être en danger de mort

154 froncer les sourcils
　　　　　　　　　[suʀsi] ◀発音

155 enlever un cil dans l'œil
　　　　　　　　[sil]　　　[œj] ◀発音

156 avoir le nez qui coule

157 avoir mal à la gorge
　　　　　　　　　　　[gɔʀʒ]

158 se brûler la langue

159 porter la moustache
　　　　　　　　　[mustaʃ]

160 se gratter le menton
　　　　　　　　　[mɑ̃tɔ̃] ◀発音

> 新鮮な空気も時には必要。

baisser
bras
cheville
cou
croiser
dos
épaule
genoux
hausser
jambe
main
ongle
orteil
pas
plier
presser
se casser
se tordre
serrer
tourner

161	肩をすくめる
□□□	h...ser les é...les

162	〜に背を向ける
□□□	t...ner le d.s à *qqn*

163	腕を下げる
□□□	b...ser les b..s

164	〜と握手する
□□□	s...er la m..n de *qqn*

165	首を骨折する
□□□	se c...er le c.u

166	脚を組む
□□□	c...ser les ja..es

167	膝を曲げる
□□□	p..er les g...ux

168	足取りを速める
□□□	p...ser le p.s

169	足首を捻挫する
□□□	se to..re la ch...lle

170	足指の爪を切る
□□□	se couper les o...es d'o...il

japonais

🔘 CD 10

[161] hausser les épaules
☐☐☐

[162] tourner le dos à *qqn*
☐☐☐

[163] baisser les bras
☐☐☐

[164] serrer la main de *qqn*
☐☐☐

[165] se casser le cou
☐☐☐

[166] croiser les jambes
☐☐☐

[167] plier les genoux
☐☐☐   [ʒ(ə)nu]

[168] presser le pas
☐☐☐

[169] se tordre [se fouler] la cheville
☐☐☐   [ʃ(ə)vij]

[170] se couper les ongles d'orteil
☐☐☐   [ɔʀtɛj]

急がば回れ！

171	体調が (とても) 優れている
	être en pl...e f...me

172	気分が悪い
	se s..tir mal

173	病気になる
	to..er malade

174	病気にかかる
	a...aper une m...die

175	悪性の風邪と闘う
	co...ttre un gros r..me

176	季節性インフルエンザから回復する
	se g...ir d'une g...pe sai...nière

177	しつこい咳に苦しむ
	so...rir de t..x p..istante

178	大きな音を立ててくしゃみをする
	éte...er b....mment

179	痛みを和らげる
	s...ager la d...eur

180	手足に痛みを感じる
	re...ntir une co....ture dans les membres

attraper
bruyamment
combattre
courbature
douleur
éternuer
forme
grippe
maladie
persistant
plein
ressentir
rhume
saisonnier
se guérir
se sentir
souffrir
soulager
tomber
toux

171	**être en pleine [grande] forme**
172	**se sentir mal**
173	**tomber malade**
174	**attraper une maladie**
175	**combattre un gros [mauvais] rhume** [ʀym]
176	**se guérir d'une grippe saisonnière** [sɛzɔnjɛʀ]
177	**souffrir de toux persistante**
178	**éternuer bruyamment** [bʀɥijamã] ◀発音
179	**soulager la douleur** [dulœʀ]
180	**ressentir une courbature dans les membres** [kuʀbatyʀ]

仏 語
français

181	吐き気を催す
	c...er des vo....ements

182	薬を飲む
	p...dre des mé....ments

183	主治医に診察してもらう
	co...lter son mé...in de famille

184	患者を診察する
	ex...ner un(e) p...ent(e)

185	薬を処方する
	faire une o....nance pour un mé....ment

186	赤ちゃんを出産する
	ac...cher d'un b..é

187	煉瓦の家
	une m...on en b...ue

188	内壁
	le m.r in...ieur

189	広々とした寝室
	une ch...re sp...euse

190	書斎用の家具
	un m...le de b..eau

わあ！新しい言い回しだね。

accoucher
bébé
brique
bureau
causer
chambre
consulter
examiner
intérieur
maison
médecin
médicament
meuble
mur
ordonnance
patient
prendre
spacieux
vomissement

家・家事

CD 11

181 causer des vomissements

182 prendre des médicaments

183 consulter son médecin de famille

184 examiner un(e) patient(e)

185 faire une ordonnance pour un médicament
[ɔʀdɔnɑ̃s]

186 accoucher d'un bébé

187 une maison en brique

188 le mur intérieur

189 une chambre spacieuse
[spasjøz]

190 un meuble de bureau
[mœbl]

191	快適な客間
	un s..on con...table

192	浴室の洗面台
	le l...bo d'une s..le de b..ns

193	キッチンルーム
	une s..le à m...er

194	シングルベッド
	un l.t pour une pe....ne

195	天井扇
	un ve...lateur de pl...nd

196	たんすの引き出し
	un ti...r de la co...de

197	鏡付きのたんす
	une a...ire à g..ce

198	大理石のテーブル
	une t..le de m...re

199	入口
	une p..te d'e...ée

200	開いた窓
	une f...tre ou...te

ピーナツ君ヒーロー参上!!!

armoire
bain
commode
confortable
entrée
fenêtre
glace
lavabo
lit
manger
marbre
ouvert
personne
plafond
porte
salle
salon
table
tiroir
ventilateur

日本語 japonais

191 un salon confortable

192 le lavabo d'une salle de bains
[bɛ̃] ◀ 発音

193 une salle à manger

194 un lit pour [d'] une personne

195 un ventilateur de plafond

196 un tiroir de la commode

197 une armoire à glace
[aʀmwaʀ]

198 une table de marbre
[maʀbʀ]

199 une porte d'entrée

200 une fenêtre ouverte

100個 一気食いへの挑戦！

挑戦日	所要時間	正答数
1 年 月 日	分 秒	/100
2 年 月 日	分 秒	/100
3 年 月 日	分 秒	/100
4 年 月 日	分 秒	/100
5 年 月 日	分 秒	/100
6 年 月 日	分 秒	/100
7 年 月 日	分 秒	/100
8 年 月 日	分 秒	/100
9 年 月 日	分 秒	/100
10 年 月 日	分 秒	/100

繰り返しは無限の喜びである

仏単語つれづれ草

毒入り料理？魚料理？

　フランス語初心者が出会う最初の関門の一つに発音が挙げられます。ネイティブが話すフランス語は流れるように美しく，うっとりとしてしまう響きですが，いざ自分で発音してみようとすると，綴り字で書かれていても発音しない文字もあれば，日本語にはない鼻母音まであります。さらには，一字増えるだけで発音が全く変わってしまうものまであり，なかなか難しいですよね。

　ある日，スイス人の友人から夕食に招待されました。嬉しい気持ちでご自宅にお邪魔すると，キッチンから漂う美味しそうな魚の匂いに食欲をそそられました。内陸国のスイスでは新鮮な魚の値段が高く，手が出ませんでしたので，数か月ぶりに魚料理をいただけると考えただけで，期待に胸が躍りました。友人らと楽しい会話をした後，メインの魚料理が登場しました。その味は格別に美味しく，素敵なディナーに対する感謝の気持ちでいっぱいになりました。そこで，魚料理についてお礼を言おうと « C'est un poison très délicieux ! » と述べたところ，食事を共にしていた友人らが一斉に笑い出したのです。それというのも，魚料理の味が絶妙であることを言おうとしたところ，毒の味と言ってしまったからです。

　フランス語で毒を意味する poison [pwazɔ̃] と，魚を意味する poisson [pwasɔ̃]。綴り上は S が一つか二つかの違いだけですが，この違いによって Z の音になるか，S の音になるか大きく変わってしまいます。フランス語の発音が億劫と感じることもあるかもしれませんが，まずは S と SS の違いに注意を払ってみましょう。

仏語 français

まずは挑戦してみよう。

aérer
appartement
chaise
chaussée
faire
gaz
laver
louer
machine
ménage
ouvrir
pièce
piscine
placard
ranger
rideau
robinet
s'asseoir
terrasse
toit

201 プール付きのテラス屋根
un t..t en te...sse avec p...ine

202 洗濯機
une m....ne à l..er

203 ガス栓
un r...net à g.z

204 1階
le rez-de-c...ssée

205 3部屋のアパートを借りる
l..er un ap....ement de 3 pièces

206 椅子に座る
s'a...oir sur une c...se

207 カーテンを閉める
o...ir les ri...ux

208 家事をする
f..re le mé...e

209 台所の戸棚を片付ける
ra..er les p...ards de la cuisine

210 部屋を換気する
a..er une p..ce

CD 12

201 un toit en terrasse avec piscine

202 une machine à laver

203 un robinet à [du] gaz

204 le rez-de-chaussée
[ʀed(ə)ʃose] ◀発音

205 louer un appartement de 3 pièces

206 s'asseoir sur une chaise

207 ouvrir les rideaux

208 faire le ménage

209 ranger les placards de la cuisine

210 aérer [ventiler] une pièce
[aeʀe]

一緒に勉強するのも楽しいね。

211	掃除機をかける
	passer l'as....teur

212	家具の埃をふき取る
	e...yer la p...sière sur un m..ble

213	窓ガラスの掃除をする
	n...oyer les v...es

214	食卓を片付ける
	dé....asser la t..le

215	皿洗いをする
	faire la v...selle

216	洗濯物を干す
	sé...r le l..ge

217	シャツにアイロンをかける
	r...sser des ch...ses

218	きれいな洋服を畳む
	p..er des vêt...nts pr...es

219	庭の手入れをする
	a...ager son j...in

220	芝生を刈る
	t...re la p...use

aménager
aspirateur
chemise
débarrasser
essuyer
jardin
linge
meuble
nettoyer
pelouse
plier
poussière
propre
repasser
sécher
table
tondre
vaisselle
vêtement
vitre

211	passer l'aspirateur
212	essuyer la poussière sur un meuble
213	nettoyer les vitres
214	débarrasser la table
215	faire la vaisselle
216	sécher le linge [lɛ̃ʒ]
217	repasser des chemises
218	plier des vêtements propres
219	aménager son jardin [ʒardɛ̃]
220	tondre la pelouse [tɔ̃dʀ] [p(ə)luz] ◀発音

仏語
français

事務用品・道具

フランス語学習に励む人ってかっこいいな。

221	日曜大工をする
	f..re du br...lage
222	学用品
	les fo...itures sc...ires
223	色鉛筆
	un c...on de c...eur
224	消しゴム
	une g..me à c...on
225	修正液
	un co...cteur liq...e
226	セロハンテープ
	un r...n a..ésif
227	鋭いはさみ
	des c...aux ai...sés
228	チューブ入りの糊
	un t..e de c..le
229	包装紙
	le p...er d'e...llage
230	レーザープリンター
	l'im...mante à l..er

adhésif
aiguisé
bricolage
ciseaux
colle
correcteur
couleur
crayon
emballage
faire
fourniture
gomme
imprimante
laser
liquide
papier
ruban
scolaire
tube

日本語
japonais

 CD 13

221 faire du bricolage

222 les fournitures scolaires
       [fuʀnityʀ]

223 un crayon de couleur
       [kʀɛjɔ̃]

224 une gomme à crayon
       [gɔm]

225 un correcteur liquide

226 un ruban adhésif
       [ʀybɑ̃]   [adezif] ◀発音

227 des ciseaux aiguisés
                  [egize] ◀発音

228 un tube de colle

229 le papier d'emballage

230 l'imprimante à laser
                  [lazɛʀ]

231	電子辞書	un di....nnaire él...ronique
232	ぎっしり詰まったスケジュール	un e...oi du t..ps très c...gé
233	道具箱	une b..te à o..ils
234	折り畳み式はしご	une éc...le pl...te
235	懐中電灯	une l..pe de p..he
236	ペンで書く	é...re avec un s..lo
237	ノートにメモをする	n...r dans un c..ier
238	マーカーで〜に下線を引く	so...gner qqc au m...ueur
239	鋲（びょう）を抜く	ar...her un cl.u
240	〜の電池を交換する	changer les p..es de qqc

arracher
boîte
cahier
chargé
clou
dictionnaire
échelle
écrire
électronique
emploi
lampe
marqueur
noter
outil
pile
pliant
poche
souligner
stylo
temps

日本語
japonais

231 un dictionnaire électronique

232 un emploi du temps très chargé

233 une boîte à outils
[uti]

234 une échelle pliante
[eʃɛl]

235 une lampe de poche

236 écrire avec un stylo

237 noter dans un cahier
[kaje] ◀発音

238 souligner *qqc* au marqueur
[maʀkœʀ]

239 arracher un clou

240 changer les piles de *qqc*

仏 語
français

241	定規で線を引く
	t...er une li..e à la rè..e
242	説明書を読む
	lire le m..e d'e..loi
243	～をゴミ箱に捨てる
	j..er *qqc* dans la po...lle
244	ボタンダウンのシャツ
	une ch...se à col bo....né
245	インクの染みがついたTシャツ
	un teeshirt t...é d'e..re
246	長袖のポロシャツ
	un polo à m...hes l..gues
247	Vネックのセーター
	un p..l à c.l en v
248	ウールの上着
	une veste de l..ne
249	ゆったりとしたコート
	un m...eau a..le
250	ぴったりとしたジーンズ
	un j..n mo...nt

衣服・宝飾

ピー単、なかなかいいでしょう？

ample
boutonné
chemise
col
emploi
encre
jean
jeter
laine
ligne
longue
manche
manteau
mode
moulant
poubelle
pull
règle
taché
tracer

日本語
japonais

 CD 14

241 tracer une ligne à la [avec une] règle

242 lire le mode d'emploi

243 jeter *qqc* dans la poubelle

244 une chemise à col boutonné [américain]

245 un teeshirt [t-shirt] taché d'encre
[ɑ̃kʀ]

246 un polo à manches longues
[mɑ̃ʃ]

247 un pull à [avec un] col en v
[pyl]

248 une veste de laine

249 un manteau ample

250 un jean moulant
[mulɑ̃]

仏語 français

言葉の波に溺れないよう、たくさん学ぼう！

bord
boucle
chapeau
chaussette
collier
costume
coton
écharpe
été
jupe
large
oreille
paire
perle
pièce
plissé
pyjama
robe
soie
tenue

251 プリーツスカート
une j..e pl...ée

252 夏物のワンピース（ドレス）
une r..e d'é.é

253 ３点揃いのスーツ
un c...ume trois pi...s

254 スポーツウェア
une t...e de sport

255 綿のパジャマ
un p...ma en c...n

256 靴下１足
une p..re de ch....ettes

257 つば広の帽子
un ch...au à l..ge b..d

258 絹のスカーフ
une é...rpe en s..e

259 真珠のネックレス
un c...ier de p...es

260 イヤリング
une b..cle d'o...lle

日本語 / japonais

251. **une jupe plissée** [à plis]
　　　　　　　　[plise] ◀発音

252. **une robe d'été**

253. **un costume trois pièces**

254. **une tenue de sport**

255. **un pyjama en coton**

256. **une paire de chaussettes**

257. **un chapeau à large bord**
　　　　　　　　　　　　[bɔʀ]

258. **une écharpe en soie**
　　　　　　[eʃaʀp]

259. **un collier de perles**
　　　　　　　　　　[pɛʀl]

260. **une boucle d'oreille**

仏語 français

	261	金の指輪
		une b..ue en .r
	262	カフスボタン
		un b...on de ma...ette
	263	蝶ネクタイ
		un nœ.d pa...lon
	264	チャック
		une fer...ure é...ir
	265	水着
		un m...lot de bain
	266	革手袋
		des g..ts en c..r
	267	ハイヒール
		des ch...sures à t..ons h..ts
	268	ハンドバック
		un s.c à m..n
	269	ドレスコード
		le c.de vest...ntaire
	270	ズボンを試着する
		es...er un pa...lon

bague
bouton
chaussure
code
cuir
éclair
essayer
fermeture
gant
haut
maillot
main
manchette
nœud
or
pantalon
papillon
sac
talon
vestimentaire

日本語 japonais

🎧 CD 15

261. **une bague en or**
[ɔʀ]

262. **un bouton de manchette**

263. **un nœud papillon**
[nø] ◀発音

264. **une fermeture éclair** [à glissière]
[glisjɛʀ]

265. **un maillot de bain**

266. **des gants en cuir**

267. **des chaussures à talons hauts**

268. **un sac à main**

269. **le code vestimentaire**

270. **essayer un pantalon**

仏 語
français

お風呂は発音の練習をするチャンス。

271	ベルトを締める
	bo...er sa ce...ure

272	ネクタイを結ぶ
	f..re un nœ.d de cr...te

273	靴を磨く
	ci..r des ch...sures

274	銀の腕輪をする
	po...r un b...elet en a...nt

275	～を裏返しに着る
	m...re *qqc* à l'e...rs

276	着心地が良い
	être a...able à p...er

277	流行している
	être à la m..e

278	一番好きな趣味
	son p..se-te..s fa..ri

279	とても早く起きる
	se l..er très t.t

280	寝坊する
	f..re la gr...e m...née

agréable
argent
boucler
bracelet
ceinture
chaussure
cirer
cravate
envers
faire
favori
grasse
matinée
mettre
mode
nœud
passe-temps
porter
se lever
tôt

日常

271	**boucler** [attacher, serrer] **sa ceinture** [sɛ̃tyʀ]
272	**faire un nœud de cravate**
273	**cirer des chaussures**
274	**porter un bracelet en argent**
275	**mettre** *qqc* **à l'envers** [ɑ̃vɛʀ]
276	**être agréable à porter** [agʀeabl]
277	**être à la mode**
278	**son passe-temps favori**
279	**se lever très tôt**
280	**faire la grasse matinée**

仏語
français

> 運動と同じで勉強も毎日コツコツやることが大事だね。

281	朝刊を読む
	l..e le jo...al du m..in

282	テレビを見る
	re...der la télé...ion

283	ラジオでニュースを聴く
	éc...er les i...s à la r...o

284	シャワーを浴びる
	pr...re une d...he

285	ジェルで髪を整える
	se co...er avec du gel

286	歯を磨く
	se br...er les d..ts

287	あごひげを剃る
	se r..er la b..be

288	出発の準備をする
	faire ses prép...tifs de dé..rt

289	出勤する
	a..er au t...ail

290	〜を送る
	acco...gner *qqn*

accompagner
aller
barbe
dent
départ
douche
écouter
info
journal
lire
matin
prendre
préparatif
radio
regarder
se brosser
se coiffer
se raser
télévision
travail

japonais

CD 16

281. lire le journal du matin

282. regarder la télévision

283. écouter les infos à la radio

284. prendre une douche

285. se coiffer avec du gel

286. se brosser les dents

287. se raser la barbe
[baʁb]

288. faire ses préparatifs de départ
[pʁepaʁatif]

289. aller au travail

290. accompagner *qqn*
[akɔ̃paɲe]

仏語 français

291	食料品・日用品の買い物をする
	f..re les co...es

292	理髪店に行く
	a..er chez le c...feur

293	友人と出掛ける
	s...ir a..c des a.i(e)s

294	～することを楽しむ
	p...dre pl...ir à + *inf.*

295	昼寝をする
	f..re une s...te

296	～を迎えに行く
	a..er ch...her *qqn*

297	帰宅する
	re...er c..z s.i

298	～と時間を過ごす
	p...er du t..ps a..c *qqn*

299	風呂を沸かす
	pré...er le b..n

300	床に就く
	a..er au l.t

aller
ami
avec
bain
chercher
chez
coiffeur
courses
faire
lit
passer
plaisir
prendre
préparer
rentrer
sieste
soi
sortir
temps

ふー。やっとこ こまで来たよ。

日本語
japonais

291 faire les [des] courses
    [kurs] ◀発音

292 aller chez le coiffeur
    [kwafyʀ]

293 sortir avec des ami(e)s

294 prendre plaisir à + *inf.*

295 faire une sieste

296 aller chercher *qqn*

297 rentrer chez soi [à la maison]

298 passer du temps avec *qqn*

299 préparer le bain

300 aller au lit

100個 一気食いへの挑戦！

挑戦日	所要時間	正答数
1 年　月　日	分　　　秒	/100
2 年　月　日	分　　　秒	/100
3 年　月　日	分　　　秒	/100
4 年　月　日	分　　　秒	/100
5 年　月　日	分　　　秒	/100
6 年　月　日	分　　　秒	/100
7 年　月　日	分　　　秒	/100
8 年　月　日	分　　　秒	/100
9 年　月　日	分　　　秒	/100
10 年　月　日	分　　　秒	/100

繰り返しは無限の喜びである

仏単語つれづれ草

フランスとスイスの言葉の違い

　地理的にはさほど離れていないスイスのフランス語圏とフランス。今回は隣国同士の言葉の違いについてご紹介します。

septante, huitante et nonante（70, 80, 90）

　フランス語の特徴の一つに数字の難しさが挙げられます。60までは比較的易しいのですが，70は60+10のsoixante-dix，80は4×20のquatre-vingts，90は4×20+10のquatre-vingt-dixと，数を数えるだけで算数の計算までしなければいけません。フランス語初心者の頭を悩ます数字ですが，その難しさはフランスでかつて使われていた20進法の名残だそうです。一方，スイスやベルギーなどでは10進法を用いているのでこれらの数はseptante, huitante, nonanteと複雑な計算なしで簡単に表現できます。スイス式に慣れてしまうと，フランスの数え方はより一層複雑に思えてしまいます。

souper（夕食）

　フランスでは，朝食，昼食，夕食をそれぞれle petit-déjeuner, le déjeuner, le dînerと言うのに対し，スイスではle déjeuner, le dîner, le souperです。実はフランスでも19世紀まではこの言い方でした。言語学者によると，フランス人は19世紀以降，食事をとる時間がしだいに遅くなったそうで，食事の時間の変化に対応するためにle petit-déjeunerという言い回しが生まれ，夕食を意味していたle souperは，今では夜食の意になりました。しかし，スイスその他のフランス語圏では今でも昔ながらの言葉遣いを用いています。ですから，スイスでdînerに招待された場合は，時間を間違えないよう気を付けてください！

仏語 français

> 勉強は量をこなすことも大事だけど、その質も重要だよ。

301	夜早く／遅くに寝る
	se co...er t.t / t...d

食事・食料品・調理

302	野菜サラダ
	une s...de v..te

303	新鮮な野菜と果物
	des lé...es et f...ts f...s

304	酸っぱい味
	un g..t a..de

acide
cru
frais
fruit
goût
haché
haricot
jambon
légume
mer
petit
pois
poulet
rôti
salade
se coucher
tard
tôt
vert
viande

305	サヤインゲン
	les h....ots v..ts

306	グリンピース
	les p...ts p..s

307	ひき肉
	la v...de h...ée

308	ローストチキン
	un p...et r..i

309	生ハム
	le j...on c.u

310	シーフード
	les f...ts de m.r

日本語 / japonais

🎧 CD 17

301 se coucher tôt / tard

302 une salade verte

303 des légumes et fruits frais
[frɥi]

304 un goût acide

305 les haricots verts
[aʀiko] ◀発音

306 les petits pois

307 la viande hachée

308 un poulet rôti

309 le jambon cru
[kʀy] ◀発音

310 les fruits de mer

仏語 français

ピー単は順調に進んでいるかい？

alcool
amer
chèvre
chocolat
crème
dessert
fort
fraîche
fraise
fromage
fumé
laitier
nouille
pétillant
produit
saumon
sauté
savoureux
vin
yaourt

311 スモークサーモン
le s...on f..é

312 強いアルコール
l'a...ol f..t

313 スパークリングワイン
le v.n pét...ant

314 イチゴ味のヨーグルト
le y...rt aux fr...es

315 ヤギ乳チーズ
le f...age de ch...e

316 乳製品
les p...uits l...iers

317 やきそば
des n...lles s...ées

318 生クリーム
la c...e f...che

319 美味しいデザート
un de...rt sav...eux

320 ビターチョコレート
le ch...lat a.er

311	**le saumon fumé**
312	**l'alcool fort** [alkɔl]
313	**le vin pétillant** [vɛ̃] [petijɑ̃]
314	**le yaourt aux fraises** [jauʀt]
315	**le fromage de chèvre** [ʃɛvʀ]
316	**les produits laitiers**
317	**des nouilles sautées** [nuj]
318	**la crème fraîche**
319	**un dessert savoureux** [savuʀø]
320	**le chocolat amer**

仏語 français

コーヒーを飲んでひと休み。

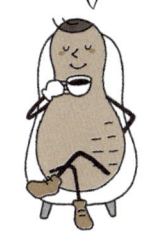

321	バニラアイスクリーム
	une g..ce à la v...lle

322	タンパク質豊富な穀物
	des cé...les riches en p...éines

323	主食
	un a...ent de b..e

324	栄養食品
	une no...iture s..ne

325	カロリーの低い料理
	un plat p...re en c...ries

326	繊維の含有量
	la t...ur en f..re

327	脂肪性物質
	la m...ère g...se

328	ビタミンが豊富に含まれている
	une bonne s...ce de vi...ines

329	炭水化物
	des h...ates de c...one

330	特有の味
	un g..t par....lier

aliment
base
calorie
carbone
céréale
fibre
glace
goût
grasse
hydrate
matière
nourriture
particulier
pauvre
protéine
sain
source
teneur
vanille
vitamine

日本語 japonais

 CD 18

321 une glace à la vanille
[vanij]

322 des céréales riches en protéines
[seʀeal]

323 un aliment de base

324 une nourriture saine
[sɛn] ◀発音

325 un plat pauvre en calories

326 la teneur en fibre

327 la matière [substance] grasse

328 une bonne source de vitamines
[suʀs]

329 des hydrates de carbone
[idʀat] ◀発音

330 un goût particulier

| 仏 語 |
| français |

みーつけた！君が勉強する姿を見ているよ。

331	料理本
	un l..re de r...ttes

332	コーヒーブレイク
	une p...e-c..é

333	銀製のナイフ、フォーク、スプーン一式
	des co....ts en a...nt

334	平皿
	une a....tte p..te

335	料理包丁
	un c...eau de c...ine

336	ソースレードル
	une c...ler à s..ce

337	銅製の片手鍋
	une c...erole en c...re

338	皮むき器
	un épluche-lé...es

339	ワイン貯蔵室
	une c..e à v.n

340	朝食を抜く
	s...er le p..it-déj..ner

argent
assiette
café
casserole
cave
couteau
couvert
cuiller
cuisine
cuivre
légume
livre
pause
petit-déjeuner
plat
recette
sauce
sauter
vin

331 un livre de recettes

332 une pause-café

333 des couverts en argent

334 une assiette plate

335 un couteau de cuisine

336 une cuiller à sauce
[kɥijɛʁ]

337 une casserole en cuivre
[kɥivʁ]

338 un épluche-légumes
[eplyʃlegym]

339 une cave à vin

340 sauter le petit-déjeuner

仏語 français

なるほど。そういうことか！

341	同僚と昼食をとる
	dé...ner avec des c...ègues

342	夕食の準備をする
	pré...er le d...er

343	一口で飲み込む
	a...er d'un s..l c..p

344	食べ過ぎる
	m...er trop

345	お茶を入れる
	f..re du t.é

346	お腹がすく
	a..ir f..m

347	喉の渇きを癒す
	é....her sa s..f

348	玉ねぎを細かく刻む（みじん切りにする）
	é...cer un oi..on

349	マッシュポテトを作る
	f..re de la p..ée

350	にんじんを炒める
	f..re s...er des c....tes

avaler
avoir
carotte
collègue
coup
déjeuner
dîner
émincer
étancher
faim
faire
manger
oignon
préparer
purée
sauter
seul
soif
thé

日本語
japonais

CD 19

341 déjeuner avec des collègues

342 préparer le dîner

343 avaler d'un seul coup

344 manger trop

345 faire [préparer] du thé
[te]

346 avoir faim
[fɛ̃] ◀発音

347 étancher [apaiser] sa soif
[swaf]

348 émincer un oignon
[emɛ̃se]   [ɔɲɔ̃] ◀発音

349 faire de la purée [de pommes de terre]
[pyʀe]

350 faire sauter des carottes

仏語 français

> 目を瞑って頭の中に単語が浮かんできたら、覚えた証拠。

assaisonner
beurre
bouillir
cuire
étoile
fondre
four
griller
ingrédient
lait
mélanger
morceau
poisson
poivre
quantité
réchauffer
réduire
restaurant
surgelé
verser

351 魚を焼く
g...ler un p...son

352 牛乳を沸かす
faire b...llir du l..t

353 水をそそぐ
v...er de l'eau

354 材料を混ぜる
m...nger des i...édients

355 ケーキをオーブンで焼く
faire c..re un gâteau au f..r

356 〜を塩・胡椒で味付けをする
as....onner *qqc* au p...re et au sel

357 冷凍食品を温める
ré....ffer des aliments s...elés

358 一塊のバターを溶かす
faire f...re un m...eau de b...re

359 糖分を控えめにする
ré...re la q...tité de sucre

360 三ツ星レストラン
un re....rant trois é...les

レストラン

日本語
japonais

351 **griller un poisson**
[gʀije]

352 **faire bouillir du lait**
[bujiʀ]

353 **verser de l'eau**

354 **mélanger des ingrédients**

355 **faire cuire un gâteau au four**
[kɥiʀ]

356 **assaisonner** *qqc* **au poivre et au sel**
[asɛzɔne]

357 **réchauffer des aliments surgelés**
[ʀeʃofe]   [syʀʒəle]

358 **faire fondre un morceau de beurre**
[bœʀ]

359 **réduire la quantité de sucre**
[kɑ̃tite]

360 **un restaurant trois étoiles**

仏語 français

> はちまきを巻いたら、なんだかまたやる気が出てきたぞ！

alcoolisé
bifteck
boisson
carte
cuit
emporter
entrée
espace
fin
fumeur
gourmet
jour
menu
plat
point
principal
réservation
restaurant
saignant
téléphone

361 メニュー
la c...e d'un re....rant

362 3品コース
un m..u e...ée-p..t-dessert

363 メインディッシュ
le p..t pr...ipal

364 本日の料理
le p..t du j..r

365 レア、ミディアム、ウエルダンのステーキ
un b...eck s....ant, à p..nt et bien c..t

366 テイクアウト料理
un p..t à e...rter

367 ソフトドリンク
une b...son non a....lisée

368 禁煙エリア
un e...ce non-f...ur

369 洗練されたグルメ
un f.n g...met

370 電話予約
la ré....ation par télé...ne

日本語
japonais

 CD 20

361 la carte d'un restaurant

362 un menu entrée-plat-dessert
   [desɛʀ] ◀発音

363 le plat principal

364 le plat du jour

365 un bifteck saignant, à point et bien cuit
   [sɛɲɑ̃] ◀発音   [kɥi]

366 un plat à emporter

367 une boisson non alcoolisée

368 un espace non-fumeur
   [fymœʀ]

369 un fin gourmet
   [fɛ̃]

370 la réservation par téléphone

371	料理法
	l'a.t c...naire

372	食前酒を出す
	s...ir des apé....fs

373	注文する
	p...er une c...ande

374	勘定を払う
	p..er l'a...tion

375	レジで会計する
	p..er à la c...se

376	ウエーターにチップをあげる
	d...er un p...boire au s...eur

377	国民教育
	l'é....tion n...onale

378	公立学校
	l'é...e p...ique

379	教育施設
	un ét....ssement s...aire

380	私立の中学校
	un c...ège p..vé

目標は常に高く持とう。

addition
apéritif
art
caisse
collège
commande
culinaire
donner
école
éducation
établissement
national
passer
payer
pourboire
privé
publique
scolaire
serveur
servir

学校・教育

日本語
japonais

371	l'art culinaire
□□□	[aʀ] ◀発音

372	servir des apéritifs
□□□	

373	passer une commande
□□□	

374	payer l'addition
□□□	

375	payer à la caisse
□□□	

376	donner un pourboire au serveur
□□□	[puʀbwaʀ]

377	l'éducation nationale
□□□	

378	l'école publique
□□□	

379	un établissement scolaire
□□□	

380	un collège privé
□□□	

急いでピー単の続きをやらなきゃ。

classe	381	**文学部の学生**
culture	□□□	un é...iant en l...res
droit	382	**真面目な生徒**
écriture	□□□	un(e) é...e s...eux(euse)
élève	383	**歴史の授業**
enseignement	□□□	une c...se d'h...oire
étudiant	384	**新学期**
exigeant	□□□	la r...rée s...aire
faculté	385	**要求の多い先生**
général	□□□	un(e) p...esseur e...eant(e)
histoire	386	**法学部**
lecture	□□□	la f...lté de d..it
lettres	387	**数学の教育**
mathématiques	□□□	l'e....gnement des m....matiques
pratique	388	**理論と実践**
professeur	□□□	la t...rie et la p...ique
rentrée	389	**読み書き**
scolaire	□□□	la l...ure et l'é...ture
sérieux	390	**一般教養**
théorie	□□□	la c...ure g...rale

仏語 français

日本語
japonais

 CD 21

381 un étudiant en lettres

382 un(e) élève sérieux(euse)

383 une classe d'histoire

384 la rentrée scolaire

385 un(e) professeur exigeant(e)
[εgziʒɑ̃(ɑ̃t)]

386 la faculté de droit
[dʀwa]

387 l'enseignement des mathématiques

388 la théorie et la pratique

389 la lecture et l'écriture
[lɛktyʀ]   [ekʀityʀ]

390 la culture générale

仏語 français

> 単語をしっかりと覚えれば、試験で焦ることもないよ。

appel
base
bourse
curiosité
devoir
écrit
éducation
épreuve
étude
formation
intellectuel
linguistique
liste
matière
note
obligatoire
physique
relevé
vacances
vocabulaire

391 知的好奇心
la c...osité i....lectuelle

392 基礎語彙
le v...bulaire de b..e

393 休暇中の宿題
les d...irs de v...nces

394 必修科目
une m...ère o....atoire

395 体育
l'é...ation p...ique

396 筆記試験
une é...uve é...te

397 成績表
le r...vé de n...s

398 出席簿
une l...e d'a...el

399 奨学金
une b...se d'é...es

400 語学訓練
la f...ation l...uistique

日本語
japonais

391 la curiosité intellectuelle

392 le vocabulaire de base

393 les devoirs de vacances

394 une matière obligatoire

395 l'éducation physique

396 une épreuve écrite

397 le relevé de notes

398 une liste d'appel

399 une bourse d'études
[buʀs]

400 la formation linguistique
[lɛ̃gɥistik] ◀発音

100個 一気食いへの挑戦！

	挑戦日	所要時間	正答数
1	年　月　日	分　秒	/100
2	年　月　日	分　秒	/100
3	年　月　日	分　秒	/100
4	年　月　日	分　秒	/100
5	年　月　日	分　秒	/100
6	年　月　日	分　秒	/100
7	年　月　日	分　秒	/100
8	年　月　日	分　秒	/100
9	年　月　日	分　秒	/100
10	年　月　日	分　秒	/100

繰り返しは無限の喜びである

仏単語つれづれ草

レストランを予約する目的は？

　友人のお母さんがローザンヌ市を訪問したときのことです。三人でクリスマスに外食をすることになりました。そこでレストランに電話をかけてみると、すぐに女性が電話に出たので三名の予約をお願いしました。全て順調に進んでいたのですが、急にその女性が « Pourquoi la réservation ? »（「どうして予約をするのですか？」）と聞いてきたのです。この不可解な質問を投げつけられた私は、スイスではディナーの予約の理由まで説明しなければいけないのかと戸惑いました。そして、すぐさま「友人のお母さんがローザンヌ市に来ているので、三人でクリスマスディナーをするのです」と伝えました。しかし、私の答えを聞いた彼女は笑い始め、今度はゆっくり、はっきりと次のように言いました。「クリスマスの特別な日に当店をお選びいただき、ありがとうございます。Monsieur, je vous ai dit pour quand, la réservation.（ただ私が伺いたかったのは、予約をいつにするかということです。）」

　彼女が知りたかった内容は、pourquoi（なぜ）ではなく、pour quand（いつ）だったのです。生のフランス語に慣れていないと、こういう聞き間違えをしてしまうものです。もちろんその時は穴があったら入りたい思いでしたが、「クリスマスの日の19時です」と答え、すぐに電話を切りました。電話での会話はとりわけ聞こえづらいことがあるので、耳を澄ませて臨みましょう。

仏 語
français

歌いながら勉強しよう！

401	休み時間中に
	p...ant la r....ation
402	小学校に行く
	aller à l'é..le p...aire
403	高校に入学する
	entrer au l...e
404	スペイン語を教える
	e...igner l'e...gnol
405	生物学を勉強する
	é...ier la b....gie
406	外国語を学ぶ
	a....ndre une la...e ét....ère
407	上達する
	faire des p...rès
408	バカロレア試験の準備をする
	p....rer le b...alauréat
409	入学試験に失敗する
	r...ubler une année s...aire
410	留年する
	r..er un e...en d'e...ée

apprendre
baccalauréat
biologie
école
enseigner
entrée
espagnol
étranger
étudier
examen
langue
lycée
pendant
préparer
primaire
progrès
rater
récréation
redoubler
scolaire

日本語
japonais

CD 22

401 **pendant la récréation**
[ʀəkʀeasjɔ̃]

402 **aller à l'école primaire**
[pʀimɛʀ]

403 **entrer au lycée**

404 **enseigner l'espagnol**

405 **étudier** [faire des études de] **la biologie**

406 **apprendre une langue étrangère**
[etʀɑ̃ʒɛʀ]

407 **faire des progrès**

408 **préparer le baccalauréat**
[bakalɔʀea]

409 **redoubler une année scolaire**

410 **rater** [échouer à] **un examen d'entrée**
[ɛgzamɛ̃]

仏語 français

この単語、知らなかったな。

411		個人指導をする
		d...er des c..rs p...és
412		大学を卒業する
		t...iner ses études u....rsitaires
413		学生食堂で食事をとる
		m...er à la c...ine
414		音楽のジャンル
		le g...e de m...que
415		BGM
		une m...que d'a...ance
416		リコーダー
		une f..te à b.c
417		バイオリン独奏
		un s..o de v...on
418		民謡
		une ch...on p...laire
419		美声
		une b..le v..x
420		ピアノの音
		le s.n du p...o

音楽

ambiance
bec
belle
cantine
chanson
cours
donner
flûte
genre
manger
musique
piano
populaire
privé
solo
son
terminer
universitaire
violon
voix

411	**donner des cours privés**
412	**terminer ses études universitaires** [ynivɛʀsite]
413	**manger à la cantine** [kɑ̃tin]
414	**le genre de musique** [ʒɑ̃ʀ] ◀発音
415	**une musique d'ambiance**
416	**une flûte à bec** [flyt]
417	**un solo de violon**
418	**une chanson populaire** [pɔpylɛʀ]
419	**une belle voix** [vwɑ]
420	**le son du piano**

421	打楽器	l'i....ument à p....ssion
422	有名なピアニスト	un(e) p...iste r...té(e)
423	音楽の愛好家	un(e) a...eur(trice) de m...que
424	大作曲家	un(e) g...d(e) co....iteur(trice)
425	ロック歌手	un(e) ch...eur(euse) de r..k
426	ジャズバンド	un g...pe de j..z
427	心地よいメロディー	la m...die d..ce
428	音楽を1曲聴く	é...ter un m...eau de m...que
429	合唱する	ch...er en c.œ.r
430	調子はずれに歌う	ch...er f..x

リズムに乗って、さあ！

amateur
chanter
chanteur
chœur
compositeur
douce
écouter
faux
grand
groupe
instrument
jazz
mélodie
morceau
musique
percussion
pianiste
réputé
rock

CD 23

421 l'instrument à percussion
[pɛʀkysjɔ̃] ◀発音

422 un(e) pianiste réputé(e)

423 un(e) amateur(trice) de musique

424 un(e) grand(e) compositeur(trice)

425 un(e) chanteur(euse) de rock

426 un groupe de jazz
[dʒɑz] ◀発音

427 la mélodie douce

428 écouter un morceau de musique

429 chanter en [dans un] chœur
[kœʀ]

430 chanter faux

初めて見聞きした単語は必ず何度も使ってみよう。

album
animation
classique
composer
court
diriger
extérieur
film
guitare
interpréter
jouer
métrage
œuvre
opéra
orchestre
projection
rythme
sens
sortir
tournage

431 オペラを作曲する
co...ser un o..ra

432 ギターを弾く
j..er de la g...are

433 リズム感がある
avoir le s..s du r...me

434 クラシックの作品を演奏する
i....préter des œ...es cl....ques

435 オーケストラを指揮する
d...ger un o...estre

436 アルバムを発売する
s...ir un a...m

映画

437 短編映画
un c...t m...age

438 アニメーション映画
un f..m d'a...ation

439 ロケーション
le t...nage en e...rieur

440 映画上映
la p...ection d'un f..m

日本語
japonais

431 composer un opéra

432 jouer de la guitare
[gitaʀ]

433 avoir le sens du rythme
[ʀitm]

434 interpréter des œuvres classiques
[œvʀ]

435 diriger [conduire] un orchestre
[ɔʀkɛstʀ]

436 sortir un album

437 un court métrage

438 un film d'animation

439 le tournage en extérieur
[tuʀnaʒ]

440 la projection d'un film

仏語 français

> 単語が思い出せなくても、また覚えればいいじゃない。

| acteur |
| allemand |
| annonce |
| bande |
| Cannes |
| comédie |
| comédien |
| compliqué |
| doublage |
| festival |
| français |
| intrigue |
| japonais |
| pièce |
| salle |
| sous-titré |
| spectacle |
| talentueux |
| théâtre |
| trois |

441 カンヌ映画祭
le f...ival de C...es

442 劇場
une s...e de sp...acles

443 三幕物喜劇
une c...die en t..is actes

444 戯曲
une p..ce de t...tre

445 映画の予告編
la b...e-a...nce

446 ドイツ映画のフランス語吹き替え版
un do....ge d'un film al....nd en f...çais

447 日本映画のフランス語字幕版
un film j...nais s..s-t..ré en f...çais

448 複雑な筋立て
une i...igue c...liquée

449 才能のある俳優
un(e) c...dien(ne) ta....ueux(euse)

450 主演俳優
un(e) a..ur(trice) principal(e)

105

日本語
japonais

CD 24

441 le festival de Cannes

442 une salle de spectacles

443 une comédie en trois actes

444 une pièce de théâtre

445 la bande-annonce

446 un doublage d'un film allemand en français
[dublaʒ]

447 un film japonais sous-titré en français

448 une intrigue compliquée
[ɛ̃trig] ◀発音

449 un(e) comédien(ne) talentueux(euse)
[talɑ̃tɥø(øz)]

450 un(e) acteur(trice) principal(e)

仏語 français

451	熱狂的な映画ファン	un(e) c...phile fa...ique
452	映画界のスター	une ve...te de l'é...n
453	劇場の観客	des s...tateurs de t...tre
454	映画のチケット	un b...et de c...ma
455	端役	un p..it r..e
456	ドラマのノーカット版	la version in...rale d'une s..ie
457	白黒映画	un film en n..r et b...c
458	放送番組を制作する	ré...ser une émission
459	中心人物を演じる	jouer le p....nnage c...ral
460	小説を映画化／戯曲化する	a...ter un r...n au c...ma / à la s...e

新しい単語をまたひとつ覚えたね。

adapter
billet
blanc
central
cinéma
cinéphile
écran
fanatique
intégral
noir
personnage
petit
réaliser
rôle
roman
scène
série
spectateur
théâtre
vedette

| 451 | **un(e) cinéphile fanatique**
[sinefil]

| 452 | **une vedette de l'écran**
[vədɛt]

| 453 | **des spectateurs de théâtre**

| 454 | **un billet de cinéma**
[bijɛ]

| 455 | **un petit rôle**

| 456 | **la version intégrale d'une série**
[vɛʀsjɔ̃]

| 457 | **un film en noir et blanc**

| 458 | **réaliser une émission**
[emisjɔ̃]

| 459 | **jouer le personnage central** [principal]

| 460 | **adapter un roman au cinéma / à la scène**

仏語 français

文学

ここまでやってきた気分はどう?

461 フランス文学
la l...érature f...çaise

462 大作家
un grand é....ain

463 恋愛小説
un r...n d'a...r

464 冒険物語
un r..it d'av...ures

465 おとぎ話
un c..te de f..s

466 哲学的エッセイ
un e...i ph...sophique

467 文学作品
une œ...e l...éraire

468 普遍的なテーマ
un t...e u...ersel

469 理解できない文章
un t..te in...préhensible

470 (フランスの) 漫画本
un a...m de b...es d...inées

album
amour
aventure
bande
conte
dessiné
écrivain
essai
fée
français
incompréhensible
littéraire
littérature
œuvre
philosophique
récit
roman
texte
thème
universel

461 **la littérature française**

462 **un grand écrivain**
[ekʀivɛ̃]

463 **un roman d'amour**

464 **un récit d'aventures**

465 **un conte de fées**

466 **un essai philosophique**

467 **une œuvre littéraire**

468 **un thème universel**

469 **un texte incompréhensible**
[ɛ̃kɔ̃preɑ̃sibl] ◀発音

470 **un album de bandes dessinées**

> 努力をすれば結果は必ずついてくる。

471	（本の）最新作
	le d...ier o...age

472	章題
	le t...e d'un c...itre

473	本のイラストレーター
	un il....rateur de l...es

474	出版社
	la m...on d'é...ion

475	中編小説を書く
	écrire une n...elle

476	自伝的小説を翻訳する
	t...uire un r...n auto....raphique

477	本を出版する
	p...ier un l...e

478	詩を暗唱する
	ré...er un p...e

479	作家の一文を引用する
	c...r une p...se d'un a...ur

480	印象派の画家
	un p...tre im...ssionniste

auteur
autobiographique
chapitre
citer
dernier
édition
illustrateur
impressionniste
livre
maison
nouvelle
ouvrage
peintre
phrase
poème
publier
réciter
roman
titre
traduire

芸術

| 471 | **le dernier ouvrage**
[uvʀaʒ]

| 472 | **le titre d'un chapitre**

| 473 | **un illustrateur de livres**
[il(l)lysratœʀ]

| 474 | **la maison d'édition**

| 475 | **écrire une nouvelle**

| 476 | **traduire un roman autobiographique**
[otobjɔgʀafik]

| 477 | **publier un livre**

| 478 | **réciter un poème**

| 479 | **citer une phrase d'un auteur**

| 480 | **un peintre impressionniste**
[pɛ̃tʀ]

仏語
français

ここ重要だよ。しっかり聞いてね！

architecture
art
chef
collection
contemporain
danse
design
exposition
graphique
grecque
huile
marbre
moderne
musée
œuvre
peinture
photographie
sculpture
statue
visuel

481 油絵
la p...ture à l'h..le

482 ギリシア彫刻
une s...pture g...que

483 写真展
une e...sition de p....graphie

484 ルーヴル美術館所蔵品
les col...tions du M...e du Louvre

485 コンテンポラリーダンス
la d...e co...mporaine

486 近代建築
l'ar...tecture m...rne

487 大理石像
une st...e en m...re

488 傑作
un c..f-d'œ..re

489 ビジュアルアート
l'a.t v..uel

490 グラフィックデザイン
le d...gn gr...ique

113

日本語 japonais

CD 26

481 **la peinture à l'huile**
[ɥil]

482 **une sculpture grecque**
[skyltyʁ]

483 **une exposition de photographie**

484 **les collections du Musée du Louvre**

485 **la danse contemporaine**
[kɔ̃tɑ̃pɔʁɛ̃n]

486 **l'architecture moderne**
[aʁʃitɛktyʁ]

487 **une statue en marbre**
[maʁbʁ]

488 **un chef-d'œuvre**
[ʃedœvʁ]

489 **l'art visuel**

490 **le design graphique**

どれどれ、この単語は何という意味かな。

accrocher
artisan
atelier
athlète
ballerine
calligraphie
chinois
chorégraphe
école
grand
hiver
international
maître
mur
musclé
professionnel
romantique
sportif
sport
tableau

491 書道
la ca...graphie ch...ise

492 巨匠
un gr..d m...re

493 ロマン派
l'é...e ro...tique

494 国際的な振付師
un(e) ch...graphe inter...ional(e)

495 プロのバレリーナ
une bal...ine pro...sionnelle

496 工房
un a...ier d'art...n

497 絵を壁に掛ける
acc...her un ta...au au m.r

498 ウィンタースポーツ
les s...ts d'h..er

499 筋肉が隆々とした運動選手
un(e) a...ète m...lé(e)

500 プロのスポーツ選手
un(e) sp...if(ive) pro...sionnel(le)

スポーツ

japonais

491	**la calligraphie chinoise**
	[ka(l)ligʁafi]

492	**un grand maître**

493	**l'école romantique**

494	**un(e) chorégraphe international(e)**
	[kɔʁegʁaf]

495	**une ballerine professionnelle**
	[bal(ə)ʁin]

496	**un atelier [une boutique] d'artisan**

497	**accrocher un tableau au mur**

498	**les sports d'hiver**

499	**un(e) athlète musclé(e)**
	[athlɛt]

500	**un(e) sportif(ive) professionnel(le)**

100個 一気食いへの挑戦！

	挑戦日	所要時間	正答数
1	年　月　日	分　　秒	/100
2	年　月　日	分　　秒	/100
3	年　月　日	分　　秒	/100
4	年　月　日	分　　秒	/100
5	年　月　日	分　　秒	/100
6	年　月　日	分　　秒	/100
7	年　月　日	分　　秒	/100
8	年　月　日	分　　秒	/100
9	年　月　日	分　　秒	/100
10	年　月　日	分　　秒	/100

繰り返しは無限の喜びである

仏単語つれづれ草

この表現はどういう意味？

　他の言語と同様にフランス語にも慣用表現がありますが，説明なしではその意味が分かりにくいものがほとんどです。面白い表現をここで二つほどご紹介します。

donner sa langue au chat（自分の舌を猫にやる）

　猫はとても可愛い動物ですが，自分の舌を猫にあげたいと願う飼い主はおそらくあまりいないでしょう。もちろん実際に舌を猫にあげるのではなく，自分自身の無知を認め，解決策を求めることを表しています。19世紀に猫は秘密の番人と見なされていたそうです。ですから，猫の言葉は非常に価値があり，自分の舌を猫にあげれば解決策を見出すことができると考えられたことから，この表現が生まれました。

　フランス語の学習で壁に突き当たったときには，猫に助けを求めてはいかかでしょうか。

raconter des salades（サラダを語る）

　「サラダを語る」がいったいどういう意味かお分かりですか？正解は，「でたらめを言うこと」です。この表現も19世紀に遡ります。サラダをおいしくするために，私たちはその中に多くの野菜と材料を入れます。同様に，人々は話を真実だと思い込ませるために，言葉を巧みに操りながらサラダのように誤った情報や陰口，ユーモアを加えるのです。こうしてサラダを作るようにでたらめが出来上がることから，この慣用表現ができたそうです。

　食卓で混ぜ合わせるのは，サラダの材料だけにしたいものです。

やった！
残り半分だ！

501	楽勝
	une vi...ire f...le

502	ラグビーの試合
	un m...h de r...y

503	ゴルファー
	un j...ur de golf

504	スポーツの試合
	une é...uve sp...ive

505	個人競技
	une c...étition i...viduelle

506	水上スポーツ
	les sports n...iques

507	野球場
	un s...e de b...ball

508	バスケットボールチームのコーチ
	un en....neur d'une é...pe de b...et-b..l

509	バレーボールの審判
	un a...tre de v...ey-b..l

510	ボクシングの世界王者
	le ch...ion du m...e de b..e

arbitre
baseball
basket-ball
boxe
champion
compétition
entraîneur
épreuve
équipe
facile
individuel
joueur
match
monde
nautique
rugby
sportif
stade
victoire
volley-ball

日本語
japonais

CD 27

501 une victoire facile

502 un match de rugby

503 un joueur de golf
[ʒwœʀ]

504 une épreuve sportive
[epʀœv]

505 une compétition individuelle

506 les sports nautiques

507 un stade [terrain] de baseball

508 un entraîneur d'une équipe de basket-ball

509 un arbitre de volley-ball
[aʀbitʀ]

510 le champion du monde de boxe

仏語 français

残り半分もピー単と頑張ろう！		
	511	ホッケーのトーナメントの決勝戦
		la finale du t...noi de h...ey
	512	マラソン選手
		un c...eur de m...thon
	513	スキーのゲレンデ
		une p..te de s.i
	514	ウインドサーフィン
		la p...che à v..le
	515	相手チーム
		une é...pe a...rse
	516	テニスのボール
		une b..le de t...is
	517	格闘技
		des arts m...iaux
	518	フィギュアスケート
		le p...nage a...stique
	519	オリンピック・パラリンピック競技大会
		les J..x Oly...ques et P....ympiques
	520	山登り
		une ra...nnée en mo...gne

adverse
artistique
balle
coureur
équipe
hockey
jeu
marathon
martial
montagne
Olympique
Paralympique
patinage
piste
planche
randonnée
ski
tennis
tournoi
voile

日本語
japonais

511 **la finale du tournoi de hockey**

512 **un coureur de marathon**
　　　[kuʀœʀ] ◀発音

513 **une piste de ski**

514 **la planche à voile**

515 **une équipe adverse**
　　　　　　　　[advɛʀs] ◀発音

516 **une balle de tennis**

517 **des arts martiaux**

518 **le patinage artistique**

519 **les Jeux Olympiques et Paralympiques**
　　　　　　　　[ɔlɛ̃pik]　　　　　　[paralɛ̃pik]

520 **une randonnée en montagne**

仏語
français

勉強の後のリラックスも大事。

battre
but
citadin
concentration
coupe
eau
habitant
marquer
monde
mondial
nager
randonnée
record
remonter
remporter
rivière
urbain
vélo
vie
ville

521	水中を泳ぐ
	n..er sous l'e.u
522	カヤックで川を上る
	re...ter une r...ère en kayak
523	サイクリングに出掛ける
	faire une r...onnée à v..o
524	サッカーワールドカップを勝ち取る
	re....ter la c..pe du m...e de football
525	得点する
	m...uer un b.t
526	世界記録を更新する
	b...re un r...rd m...ial
527	人口1万人の都市
	une v..le de 10 000 ha...ants
528	世界有数の大都市
	les plus grandes v..les du m...e
529	都市集中化
	la con....ration ur...ne
530	都会生活
	la v.e ci...ine

都市

123

japonais

🎧 CD 28

521 nager sous l'eau

522 remonter une rivière en kayak
[rivjɛʀ]

523 faire une randonnée à vélo

524 remporter la coupe du monde de football
[kup]

525 marquer un but

526 battre un record mondial

527 une ville de 10 000 habitants

528 les plus grandes villes du monde

529 la concentration urbaine
[yrbɛn]

530 la vie citadine [urbaine]

よし、今日も気合を入れてピー単に励もう。

531	人口過密地域
	une z..e p...lée

532	都心
	le c...re-v..le

533	高級住宅街
	les b..ux q...tiers

534	近郊住宅街
	une ba...eue résid...ielle

535	隣接した建物
	un im...ble v...in

536	壮大な建造物
	un bâ...ent ma...fique

537	非常口
	la s...ie de se...rs

538	市立公園
	un p..c mu...ipal

539	デパート
	un g...d m...sin

540	ショッピングセンター
	un c...re co...rcial

banlieue
bâtiment
beau
centre
commercial
grand
immeuble
magasin
magnifique
municipal
parc
peuplé
quartier
résidentiel
secours
sortie
ville
voisin
zone

仏語 français

日本語
japonais

531 une zone peuplée
          [pœple]

532 le centre-ville

533 les beaux quartiers
          [kaʀtje]

534 une banlieue résidentielle
          [bɑ̃ljø]

535 un immeuble voisin
                    [vwazɛ̃] ◀発音

536 un bâtiment magnifique

537 la sortie de secours

538 un parc municipal

539 un grand magasin

540 un centre commercial

仏語
français

上達していないじゃないかなんて、心配しないで。

attraction
bibliothèque
cathédrale
cimetière
commissariat
communal
gothique
hôpital
librairie
logement
louer
marché
national
papeterie
parc
place
police
puce
rond
universitaire

541 蚤の市(のみ)
un m...hé aux p...s

542 円形広場
une p...e r...e

543 遊園地
un p..c d'att....ions

544 大学病院
un hô...al uni...sitaire

545 共同墓地
un ci...ière co...nal

546 賃家(かしや)
un lo...ent à l..er

547 警察署
un co...ssariat de p...ce

548 書籍文具店
une l...airie-pa...erie

549 国立図書館
la bib....hèque na...nale

550 司教座聖堂
une ca...drale g...ique

127

CD 29

541 un marché aux puces

542 une place ronde
[rɔ̃d]

543 un parc d'attractions

544 un hôpital universitaire

545 un cimetière communal
[simtjɛʀ]

546 un logement à louer

547 un commissariat de police

548 une librairie-papeterie

549 la bibliothèque nationale

550 une cathédrale gothique

551	耐え難い騒音
	les b...ts insu...rtables

552	歴史的建造物
	un m...ment h....rique

553	高層ビルを建てる
	con....ire un g...te-c..l

554	人里離れた小さな村
	un p..it v...age i..lé

555	農村
	le m...eu r...l

556	地方の景色
	le p...age pro...cial

557	丘の頂上
	le so...t d'une co...ne

558	低地
	une p...ne b..se

559	滝
	une c..te d'eau

560	泥の奔流
	un t...ent de b..e

元気を出して。ファイト!!

田舎

basse
boue
bruit
chute
colline
construire
gratte-ciel
historique
insupportable
isolé
milieu
monument
paysage
petit
plaine
provincial
rural
sommet
torrent
village

551 les bruits insupportables
[bʀɥi]

552 un monument historique

553 construire un gratte-ciel

554 un petit village isolé

555 le milieu rural

556 le paysage provincial [régional]
[pʀɔvɛ̃sjal]

557 le sommet d'une colline

558 une plaine basse

559 une chute d'eau

560 un torrent de boue
[tɔʀɑ̃]

仏語
français

通学・通勤の隙間時間を使って、単語を学ぼう。

actif
activité
agricole
champ
dense
désert
élevage
falaise
ferme
fond
forêt
haut
île
maïs
montagneux
plage
rocheux
sable
vallée
volcan

561 砂浜
une p...e de s..le

562 岸壁（がんぺき）
une h..te f...ise

563 岩石砂漠
un dé...t ro...ux

564 山の多い島
une î.e mon...neuse

565 うっそうとした森林
une f...t d...e

566 谷底
au f..d de la v...ée

567 活火山
un v...an a...f

568 トウモロコシ畑
un c...p de m..s

569 畜産農場
une f...e d'él...ge

570 農作業
les a....ités a...coles

日本語 / japonais

 CD 30

561 **une plage de sable**

562 **une haute falaise**
[falɛz]

563 **un désert rocheux**
[dezɛʀ] ◀発音 [ʀɔʃø]

564 **une île montagneuse**
[mɔ̃taɲøz]

565 **une forêt dense**

566 **au fond de la vallée**

567 **un volcan actif**

568 **un champ de maïs**
[ʃɑ̃]   [mais] ◀発音

569 **une ferme d'élevage**

570 **les activités agricoles**

仏 語
français

フランスでフランス語を使うのが待ち遠しいな！

571	ブドウの収穫
	la ré...te du r...in

572	やせ地
	un s.l p...re

573	稲作
	la c...ure du r.z

574	穏やかな海
	une m.r d'h..le

575	引き潮
	la m...e de....dante

576	漁港
	un p..t de p...e

577	小エビを捕る漁師
	un(e) pê...ur (se) de cr...ttes

578	海流
	les c...ants m...ns

579	田舎に住む
	v...e à la ca...gne

580	小川を横断する
	tra...ser un ru...eau

campagne
courant
crevette
culture
descendant
huile
marée
marin
mer
pauvre
pêche
pêcheur
port
raisin
récolte
riz
ruisseau
sol
traverser
vivre

571 la récolte du raisin
[Rezɛ̃]

572 un sol pauvre

573 la culture du riz

574 une mer d'huile
[ɥil]

575 la marée descendante

576 un port de pêche

577 un(e) pêcheur(se) de crevettes
[kRəvɛt]

578 les courants marins

579 vivre à la campagne

580 traverser un ruisseau
[Rɥiso]

仏語 français

何度も何度も繰り返しやってみよう。

581 林を散歩する
se pro...er dans les b..s

582 小麦を栽培する
c...iver du b.é

583 新鮮な空気を吸う
respirer l'a.r p.r

584 公共交通機関
les tr...ports en co...n

交通機関・旅行

585 歩道
un pa...ge pour pi...ns

586 道路交通
la cir....tion r...ière

587 交通事故
l'a...dent de la r...e

588 駐車禁止
le sta....nement in...dit

589 7トン積みトラック
un ca...n de sept t...es

590 ガソリンスタンド
une st...on-s...ice

accident
air
blé
bois
camion
circulation
commun
cultiver
interdit
passage
piéton
pur
route
routier
se promener
service
station
stationnement
tonne
transport

日本語 / japonais

CD 31

581 se promener dans les bois

582 cultiver du blé

583 respirer l'air pur
[pyr] ◀発音

584 les transports en commun
[kɔmœ̃]

585 un passage pour piétons

586 la circulation routière

587 l'accident de la route

588 le stationnement interdit
[ɛ̃tɛʀdi]

589 un camion de sept tonnes

590 une station-service

仏語 français

覚えた単語を旅行先で使ってみよう。

591	海底トンネル
☐☐☐	un tu...l sous-m...n

592	鉄道網
☐☐☐	le ré...u fer...iaire

593	TGV（フランス新幹線）
☐☐☐	le t...n à g...de vi...se

594	旅客駅
☐☐☐	une g..e de vo...eurs

595	到着ホーム
☐☐☐	le q..i d'ar...ée

596	電車の定期券
☐☐☐	l'abo...ment de t...n

597	往復切符
☐☐☐	un a..er-r...ur

598	地下鉄系統図
☐☐☐	le p..n du m...o

599	バス停
☐☐☐	l'a..êt de b.s

600	警察のオートバイ
☐☐☐	une m..o de p...ce

abonnement
aller
arrêt
arrivée
bus
ferroviaire
gare
grand
marin
métro
moto
plan
police
quai
réseau
retour
train
tunnel
vitesse
voyageur

日本語
japonais

591	**un tunnel sous-marin**
	[tynɛl] [marɛ̃]

592	**le réseau ferroviaire**
	[fɛrɔvjɛʀ]

| 593 | **le train à grande vitesse** [T.G.V] |

| 594 | **une gare de voyageurs** |

| 595 | **le quai d'arrivée** |

596	**l'abonnement de train**
	[abɔnmɑ̃]

| 597 | **un aller-retour** |

| 598 | **le plan du métro** |

| 599 | **l'arrêt de bus** |

| 600 | **une moto de police** |

100個 一気食いへの挑戦！

	挑戦日	所要時間	正答数
1	年　月　日	分　　秒	/100
2	年　月　日	分　　秒	/100
3	年　月　日	分　　秒	/100
4	年　月　日	分　　秒	/100
5	年　月　日	分　　秒	/100
6	年　月　日	分　　秒	/100
7	年　月　日	分　　秒	/100
8	年　月　日	分　　秒	/100
9	年　月　日	分　　秒	/100
10	年　月　日	分　　秒	/100

繰り返しは無限の喜びである

仏単語つれづれ草

レシピを教えてください！

　外国語を学びたての頃は，言葉の意味を勘違いしたり，その選択を誤ったりしてしまいます。私が苦戦した仏単語の一つに，recetteがあります。recetteには二つの全く違う意味があり，収入（売上高）を表す一方で，料理法やレシピの意もあります。会計の側面を持っていることと，recetteが英単語のreceiptに少し似ていることから，私はrecetteが勘定を意味していると勘違いしていました。

　これは，大晦日に友人と訪れた，パリのとあるレストランでの出来事です。とてもおいしい食事を堪能し終えたあと，私は勘定を支払うため手を挙げてウェイターを呼び，« La recette, s'il vous plaît. »（「recetteをお願いします。」）と言いました。この要求に対して，ウェイターは困惑した様子で，« La recette, Monsieur ? »（「お客様，recetteですか？」）と聞き返しましたが，勘定のことを話しているとばかり思い込んでいた私は，« Oui, la recette. »（「そうです，recetteをお願いします。」）と自信を持って答えました。きっとこのまま会話を続けていたら，互いに相手が理解できずに苦しい立場に追い込まれていたでしょう。幸いなことにお手洗いから戻ってきた友人が，« Non, l'addition, pas la recette ! »（「レシピではなく，勘定をお願いします。」）と助け舟を出してくれました。支払いの際の勘定はrecetteではなくadditionという単語を使うので，ウェイターはこの状況において，私がレシピを教えてほしいと言っていると思ったのです。安堵の表情でレジに戻っていったウェイターは，私がおいしいレストランの料理法を盗もうとする客だと思ったことでしょう。

付録のCDもしっかり聞いてね！

agence
avion
chemin
contrôle
court
désagréable
feu
guide
heure
orange
passager
pointe
réservation
rouge
rue
sens
tourisme
touristique
unique
vert

601	青／黄／赤信号
	le f.u v..t / o...ge / r...e

602	ラッシュアワー
	l'h...e de p...te

603	飛行機の乗客
	les p...agers d'un a...n

604	パスポート検査
	le c...rôle des passeports

605	一方通行路
	une r.e à s.ns u...ue

606	一番の近道
	le plus c...t ch...n

607	ホテルの予約
	la ré....ation d'un hôtel

608	旅行代理店
	une a...ce de to...sme

609	感じの悪い旅行客
	des touristes dés...éables

610	観光ガイドブック
	une g...e t....stique

141

日本語
japonais

CD 32

601 le feu vert / orange / rouge
[fø] ◀発音

602 l'heure de pointe

603 les passagers d'un avion
[pɑsaʒe]

604 le contrôle des passeports

605 une rue à sens unique

606 le plus court chemin

607 la réservation d'un hôtel

608 une agence de tourisme

609 des touristes désagréables
[dezagʁeabl]

610 une guide touristique

仏　語 français

> ピーナツをこんなに獲得したよ。

611 時差
le dé...age h...ire

612 行程時間
l'h..re de t...et

613 外国
des p..s ét...gers

614 車を運転する
c...uire une vo...re

615 高速道路に乗る
e...er sur l'a....oute

616 電車に乗る
p...dre le t...n

617 列車に乗る
m...er dans un w..on

618 タクシーを呼ぶ
a...ler un t..i

619 自転車で行く
a..er en v..o

620 交通渋滞に巻き込まれる
être p..s dans un em...teillage

aller
appeler
autoroute
conduire
décalage
embouteillage
entrer
étranger
être pris
heure
horaire
monter
pays
prendre
taxi
train
trajet
vélo
voiture
wagon

611	**le décalage horaire**
	[ɔʀɛʀ]
612	**l'heure de trajet**
	[œʀ]
613	**des pays étrangers**
614	**conduire une voiture**
615	**entrer sur l'autoroute**
616	**prendre le train**
617	**monter dans un wagon**
	[vagɔ̃] ◀発音
618	**appeler un taxi**
619	**aller en [à] vélo**
620	**être pris dans un embouteillage**
	[ɑ̃butɛjaʒ]

仏語
français

ここまでの君の努力に感動したよ。

621	旅に出る
	p..tir en v...ge

622	長期滞在をする
	faire un l..g sé...r

623	（旅行のための）荷造りをする
	pré...er ses b...ges

624	スーツケースの中身を出す
	dé...re sa v..se

625	目的地に着く
	a...ver à de....ation

626	世界一周する
	faire le t..r du m..de

627	地図
	une c..te géo....hique

628	北極
	le p..e n..d

629	大韓民国
	la C..ée du S.d

630	東から西へ
	de l'e.t à l'o..st

arriver
bagage
carte
Corée
défaire
destination
est
géographique
long
monde
nord
ouest
partir
pôle
préparer
séjour
sud
tour
valise
voyage

方向・位置

CD 33

621 **partir en voyage**

622 **faire un long séjour**
[fɛr]

623 **préparer [faire] ses bagages**

624 **défaire sa valise**

625 **arriver à destination**

626 **faire le tour du monde**

627 **une carte géographique**

628 **le pôle nord**
[pol]　[nɔr]

629 **la Corée du Sud**

630 **de l'est à l'ouest**

631	緯度と経度
	la lo...tude et la l...tude
632	〜のど真ん中で
	au b..u m...eu de
633	道の曲がり角で
	au c..n de la r.e
634	海の向こうに
	au-d..à de la m.r
635	〜の周辺で
	dans les en...ons de *qqc*
636	階段の下で
	en b.s de l'e...lier
637	ページの上に
	en h..t de la p..e
638	船尾
	l'a...ère d'un b...au
639	羅針盤を見る
	co...lter une b...sole
640	北東へ向かう
	se d...ger v..s le n..d-est

誰しも時には不安になることもあるよね。

arrière
au-delà
bas
bateau
beau
boussole
coin
consulter
diriger
environs
escalier
haut
latitude
longitude
mer
milieu
nord
page
rue
vers

日本語
japonais

631	**la longitude et la latitude**
	[lɔ̃ʒityd] [latityd]

632	**au beau** [en plein] **milieu de**

633	**au coin de la rue**
	[ʀy]

634	**au-delà de la mer**

635	**dans les environs de** *qqc*

636	**en bas de l'escalier**

637	**en haut de la page**

638	**l'arrière d'un bateau**

639	**consulter une boussole**
	[busɔl]

640	**se diriger vers le nord-est**

落ち込んだ時こそ、力を出してみよう!

641	左折する
	to...er à ga...e

642	交差点まで直進する
	co....uer tout d...t j...u'au ca...four

643	間違った方向に進む
	partir dans la d...ction op...ée

644	この近くにある
	se t...ver près d'ici

645	遠くから〜であると見分ける
	re...naître *qqn* de loin

646	家の前を通る
	passer d...nt la maison

647	肘掛の後ろに隠れる
	se c...er d...ière le fa...uil

648	自宅のすぐそばに位置する
	être j..te à c..é de chez soi

649	〜の奥に(底に)位置する
	se s...er au f..d de *qqc*

650	道を教える
	in...uer le c...in

carrefour
chemin
continuer
côté
derrière
devant
direction
droit
fauteuil
fond
gauche
indiquer
jusque
juste
opposé
reconnaître
se cacher
se situer
se trouver
tourner

CD 34

641 tourner à gauche

642 continuer tout droit jusqu'au carrefour
[kaʀfuʀ]

643 partir dans la direction opposée

644 se trouver près d'ici

645 reconnaître *qqn* de loin

646 passer devant la maison

647 se cacher derrière le fauteuil
[fotœj]

648 être juste à côté de chez soi

649 se situer au fond de *qqc*
[fɔ̃] ◀発音

650 indiquer le chemin

仏語 français

君はまだまだ前に進めるはずだよ。

651	遠回りをする
	f..re un d...ur

652	橋を渡る
	p...er un p..t

653	砂浜に沿って歩く
	m...her le long d'une p...e

654	障害を避けて通る
	co....rner un o...acle

655	～の向かいに住む
	h...ter en f..e de *qqn / qqc*

656	自然の法則
	les l..s de la n...re

657	ペット（家畜）
	un a...al do...tique

658	忠実な犬
	un(e) c...n(ne) l...l(e)

659	野生動物
	une b..e s...age

660	乳牛
	une v...e l...ière

animal
bête
chien
contourner
détour
domestique
face
faire
habiter
laitier
loi
loyal
marcher
nature
obstacle
passer
plage
pont
sauvage
vache

動植物

151

| 日本語 |
| japonais |

651 **faire un détour**
    [detuʀ]

652 **passer un pont**

653 **marcher le long d'une plage**
    [lɔ̃] ◀発音

654 **contourner un obstacle**
    [kɔ̃tuʀne]

655 **habiter en face de** *qqn / qqc*

656 **les lois de la nature**

657 **un animal domestique**

658 **un(e) chien(ne) loyal(e)**

659 **une bête sauvage**

660 **une vache laitière**

覚えた単語を口にだしてみよう。

aquatique
blancheur
bœuf
cage
chimpanzé
cri
crocodile
cygne
hirondelle
lapin
larme
mouton
oiseau
ours
piège
polaire
rat
rocher
troupeau
zoo

661 牛の群れ
un t...peau de bœ..s

662 羊の鳴き声
le c.i du m...on

663 ホッキョクグマ
un o..s p...ire

664 ネズミ取り
un p...e à r..s

665 ウサギ小屋
une c..e à l...ns

666 動物園のチンパンジー
un ch...anzé du z.o

667 （ワニの涙のような）そら涙
des l...es de cr....ile

668 水鳥
un o...au a...tique

669 （白鳥のような）輝くばかりの白さ
une b...cheur de c...e

670 ガケツバメ
une h...ndelle de r...ers

日本語 japonais

🔘 CD 35

661 un troupeau de bœufs
[bø] ◀発音

662 le cri du mouton

663 un ours polaire
[urs]

664 un piège à rats

665 une cage à lapins

666 un chimpanzé du zoo

667 des larmes de crocodile

668 un oiseau aquatique
[wazo] ◀発音

669 une blancheur de cygne

670 une hirondelle de rochers

単語を一気に3個覚えてしまおう。

abeille
araignée
arbre
bouquet
fil
fleur
fruitier
grenouille
insecte
nuée
nuisible
poisson
reine
rouge
sauterelle
têtard
vase
végétation
violette
zone

671 金魚
un p...son r..ge

672 害虫
des in...tes n...ibles

673 くもの糸
le f.l d'a...gnée

674 女王蜂
la r...e des a...lles

675 おたまじゃくしからカエルへ
du t...rd à la g...ouille

676 イナゴの大群
une n.ée de sa...relles

677 植物群落
une z..e de vé...ation

678 果樹
un a..re f...tier

679 スミレの花束
un b...uet de v...ettes

680 花瓶
un v..e à f...rs

| 671 | **un poisson rouge** |

| 672 | **des insectes nuisibles** |
| | [nɥizibl] |

| 673 | **le fil d'araignée** |
| | [aʀeɲe] ◀発音 |

| 674 | **la reine des abeilles** |
| | [abɛj] |

| 675 | **du têtard à la grenouille** |
| | [gʀənuj] |

| 676 | **une nuée de sauterelles** |
| | [sotʀɛl] |

| 677 | **une zone de végétation** |

| 678 | **un arbre fruitier** |
| | [fʀɥitje] |

| 679 | **un bouquet de violettes** |

| 680 | **un vase à fleurs** |

> 調子が出てくると、いくつもの単語を連続で覚えられるよ！

681	美しいバラ
	une b..le r.se

682	薬草
	des h...es mé....nales

683	枯葉
	une f...lle m..te

684	チューリップの花びら
	les pé...es de t...pe

685	キノコ狩り
	une c...se aux ch...ignons

686	コケに覆われた幹
	un t...c co...rt de m...se

687	絶滅危惧種
	une e...ce en v..e d'ex...ction

688	豚を飼育する
	é...er des c...ons

689	馬に乗る
	monter à c...al

690	猫に餌をやる
	donner à manger au c..t

belle
champignon
chasse
chat
cheval
cochon
couvert
élever
espèce
extinction
feuille
herbe
médicinal
mort
mousse
pétale
rose
tronc
tulipe
voie

日本語
japonais

CD 36

681 une belle rose

682 des herbes médicinales
[medisinal]

683 une feuille morte
[fœj] ◀発音

684 les pétales de tulipe

685 une chasse aux champignons

686 un tronc couvert de mousse

687 une espèce en voie d'extinction
[ɛkstɛ̃ksjɔ̃]

688 élever des cochons

689 monter à cheval

690 donner à manger au chat

仏語 français

691	生物多様性を保護する	p...erver la b...iversité
692	猿のように悪賢い	être m...n comme un s..ge
693	（ライオンのように）勇猛にたたかう	se b...re comme un lion
694	蛇にかまれる	être m...u par un s...ent
695	植物に水をやる	ar...er des p...tes
696	桜の木を植える	p...ter un c...sier
697	種をまく	s...r des g...nes
698	木陰で休む	se re...er s..s l'o...age
699	熱帯性気候	le cl...t tro...al
700	蒸し暑さ	une c...eur h...de

あれ、発音はこれで合っているかな？

arroser
biodiversité
cerisier
chaleur
climat
être mordu
graine
humide
malin
ombrage
planter
plante
préserver
se battre
se reposer
semer
serpent
singe
sous
tropical

気候・環境

日本語
japonais

691 préserver la biodiversité

692 être malin comme un singe
[malɛ̃] [sɛ̃ʒ]

693 se battre comme un lion

694 être mordu par un serpent

695 arroser des plantes

696 planter un cerisier
[s(ə)rizje]

697 semer des graines
[s(ə)me]

698 se reposer sous l'ombrage
[ɔ̃bRaʒ]

699 le climat tropical

700 une chaleur humide
[ʃalœR]

100個 一気食いへの挑戦！

挑戦日	所要時間	正答数
1 　年　　月　　日	分　　　秒	/100
2 　年　　月　　日	分　　　秒	/100
3 　年　　月　　日	分　　　秒	/100
4 　年　　月　　日	分　　　秒	/100
5 　年　　月　　日	分　　　秒	/100
6 　年　　月　　日	分　　　秒	/100
7 　年　　月　　日	分　　　秒	/100
8 　年　　月　　日	分　　　秒	/100
9 　年　　月　　日	分　　　秒	/100
10 　年　　月　　日	分　　　秒	/100

繰り返しは無限の喜びである

仏単語つれづれ草

「他に何か質問はございませんでしょうか？」に答えるには？

　フランス語の初心者にとって，oui (si) と non で答える質問は厄介です。« Tu n'as pas faim ? »（「お腹は空いていませんか？」）という質問に日本語で答える場合は，「はい，空いていません。」，「いいえ，空いています。」と言うのに対して，フランス語では « Non, je n'ai pas faim. »，« Si, j'ai faim. » というように，肯定形，否定形の構文と oui / non を一致させなければいけないからです。咄嗟の質問に上手に答えるには，フランス語の返答方法に慣れる必要があります。

　スイスを離れる前に，私は携帯電話の解約をするために携帯会社に電話を掛けました。解約の手続きはスムーズに進み，必要事項に全て触れたあと最後に，« Est-ce que vous n'avez pas d'autres questions ? »（「他に何か質問はございませんでしょうか？」）とオペレーターに聞かれたので，躊躇なく « Oui » と答えました。もちろん，私は「はい，ありません。」の意で oui と言ったのですが，フランス語では質問があると捉えられてしまいます。オペレーターは少し驚いた声の調子で，« Quelle est votre question ? »（「お客様，どういったご質問でしょうか？」）と続けましたが，私は状況が理解できませんでした。何も言わない私に対して，今度は少し苛立った調子で，質問があるのかないのか，はっきりと聞いてきました。その時点で自分が今まで oui と言っていたことに気づいたので，« Non, non, non ! » と三度言い，解約を無事に終えることができました。

　ちょっとした誤解の種となる oui と non。その使用方法には気を付けなければいけません。

油断は禁物。

averse
ciel
couvert
ensoleillé
froid
gelé
glacial
journée
lac
montagne
neige
noir
nuage
pluie
quatre
rayon
saison
temps
ultraviolet
vent

701 寒い天気
le t..ps f...d

702 日本の四季
les q...re s...ons du Japon

703 晴れた日
une j...née e...leillée

704 紫外線
les r...ns ul....iolets

705 にわか雨
des a...ses de p..e

706 雷雲
les n...es n..rs

707 身を切るような冷たい風
le v..t gl...al

708 虹
un arc-en-c..l

709 雪を頂いた山
une m...agne c...erte de n..ge

710 凍りついた湖
un l.c g..é

163

日本語
japonais

 CD 37

701 le temps froid

702 les quatre saisons du Japon

703 une journée ensoleillée
[ɑ̃sɔleje]

704 les rayons ultraviolets

705 des averses de pluie
[avɛʀs]

706 les nuages noirs
[nɥaʒ]

707 le vent glacial

708 un arc-en-ciel
[aʀkɑ̃sjɛl]

709 une montagne couverte de neige

710 un lac gelé

#	日本語	français
711	朝霧	le b...illard du m..in
712	天気予報	des pré...ions m..éo
713	大気圧	la p...sion at...phérique
714	氷点下10度	m...s 10 d...és
715	遅い春	le p...temps t...if
716	夏季休暇	les v...nces d'é.é
717	雨の多い秋	un a...mne p...ieux
718	厳冬	l'h...r ri...reux
719	環境保護	la p...ection de l'env....nement
720	自然災害	une c....trophe n...relle

切磋琢磨するのもモチベーションにつながるよ。

atmosphérique
automne
brouillard
catastrophe
degré
environnement
été
hiver
matin
météo
moins
naturel
pluvieux
pression
prévision
printemps
protection
rigoureux
tardif
vacances

711	**le brouillard du matin** [bʀujaʀ] ◀発音
712	**des prévisions météo**
713	**la pression atmosphérique** [atmɔsfeʀik]
714	**moins 10 degrés**
715	**le printemps tardif** [pʀɛ̃tɑ̃]
716	**les vacances d'été**
717	**un automne pluvieux** [plyvjø]
718	**l'hiver rigoureux** [ʀiguʀø]
719	**la protection de l'environnement**
720	**une catastrophe naturelle**

> ここまで勉強してきた君は本当にすごいよ。

721 地震
le t....lement de t...e

722 地滑り
un g....ement de t...ain

723 被災地
une r...on s....trée

724 地球温暖化
le ré....ffement c....tique

725 温室効果
l'e...t de s...e

726 大気汚染
la p...ution de l'a.r

727 水質汚染
la co....ination de l'e.u

728 有害ガス
le g.z t...que

729 オゾン層
une c...he d'o..ne

730 持続可能な開発
le dév...ppement d...ble

air
climatique
contamination
couche
développement
durable
eau
effet
gaz
glissement
ozone
pollution
réchauffement
région
serre
sinistré
terrain
terre
toxique
tremblement

japonais

 CD 38

721 **le tremblement de terre**
　　　　　　　　　　　　[tɛR]

722 **un glissement de terrain**
　　　　　　　　　　　　[teRɛ̃]

723 **une région sinistrée**

724 **le réchauffement climatique**

725 **l'effet de serre**
　　　[efɛ] ◀発音 [sɛR]

726 **la pollution de l'air**

727 **la contamination de l'eau**

728 **le gaz toxique**

729 **une couche d'ozone**

730 **le développement durable**

仏 語 français

気付いたときに覚えた単語を見直そう。

bouteille
central
coucher
déchet
énergie
globe
journal
ordure
ramassage
recycler
réduire
renouvelable
rotation
solaire
soleil
surface
temps
terre
tri
vieux

731 再生可能エネルギー
l'é...gie re...velable

732 太陽熱発電所
une c...rale s...ire

733 ゴミの分別
le t.i des o...res

734 古新聞の回収
le r...ssage des v...x jo...aux

735 よい天気
le beau t..ps

736 家庭ごみを減らす
r...ire des d...ets ménagers

737 ペットボトルをリサイクルする
r...cler des b....illes en plastique

738 地球の自転
la r...tion de la t...e

739 地球の表面
la s...ace du g...e

740 日の入り
le c...her du s...il

宇宙

731	l'énergie renouvelable
732	une centrale solaire
733	le tri des ordures
734	le ramassage des vieux journaux [ʒuʁno] ◀発音
735	le beau temps
736	réduire des déchets ménagers
737	recycler des bouteilles en plastique [butɛj]
738	la rotation de la terre
739	la surface du globe
740	le coucher du soleil [kuʃe]

仏 語 français

フランス語で会話のキャッチボールをしてみよう。

astronomique
ciel
étoile
étoilé
exploration
filant
lacté
lune
mars
origine
petit
planète
plein
solaire
spatial
système
télescope
univers
vaisseau
voie

741 満月
la p...ne l..e

742 星空
le c..l ét...é

743 流れ星
l'é...le f...nte

744 天の川
la V..e l...ée

745 宇宙の起源
l'o...ine de l'u...ers

746 太陽系
le s...ème s...ire

747 小惑星
une p...te p...ète

748 宇宙船
un v...seau s...ial

749 天体望遠鏡
le té...cope as....omique

750 火星探査
l'ex....ation de m..s

171

CD 39

741　la pleine lune

742　le ciel étoilé

743　l'étoile filante
　　　　　[filɑ̃t]

744　la Voie lactée

745　l'origine de l'univers

746　le système solaire

747　une petite planète

748　un vaisseau spatial

749　le télescope astronomique
　　　　　　　　[astrɔnɔmik]

750　l'exploration de mars

751	ブラックホール
	un t..u n..r
752	地球外生命
	la v.e ext....rrestre
753	光年
	une a..ée-lu...re
754	人工衛星
	un s...llite a....iciel
755	ロシア人宇宙飛行士
	un(e) a....naute r...e
756	天体を観測する
	o....ver les a...es
757	ロケットを発射する
	l...er une f...e
758	宇宙に旅行する
	v....er dans l'e...ce
759	生年月日
	la d..e de n...sance
760	曜日
	le j..r de la s...ine

année
artificiel
astre
astronaute
date
espace
extraterrestre
fusée
jour
lancer
lumière
naissance
noir
observer
russe
satellite
semaine
trou
vie
voyager

曜日・日付・時間

751	**un trou noir**
752	**la vie extraterrestre** [ɛkstateʀɛstʀ]
753	**une année-lumière**
754	**un satellite artificiel** [satelit]
755	**un(e) astronaute russe**
756	**observer les astres** [astʀ]
757	**lancer une fusée** [fyze]
758	**voyager dans l'espace**
759	**la date de naissance**
760	**le jour de la semaine**

761	木曜日から	à p...ir de j..di
762	毎週土曜	tous les s...dis
763	よい週末を！	B.n week-e.d !
764	来週	la s...ine p...haine
765	昨日と一昨日	hier et a...t-hier
766	明日と明後日	d...in et a...s-d...in
767	ここ数日以内に	d'i.i que...es j...rs
768	1月以来	d...is ja...er
769	2月初旬	d...t fé...er
770	3月中ずっと	pe...nt tout le m..s de m..s

après
avant
bon
début
demain
depuis
février
ici
janvier
jeudi
jour
mars
mois
partir
pendant
prochain
quelque
samedi
semaine
week-end

フランス語がこれほどできるようになったね！

日本語
japonais

 CD 40

761. à partir de jeudi

762. tous les samedis

763. Bon week-end !

764. la semaine prochaine

765. hier et avant-hier
[avɑ̃tjɛr]

766. demain et après-demain

767. d'ici quelques jours

768. depuis janvier

769. début février
[deby] ◀発音

770. pendant tout le mois de mars

仏語 français

> 朝も夜もフランス語とともに過ごそう。

771	4月中旬に
	à la mi-a..il

772	メーデー
	le 1er m.i

773	6月の催し
	les f...s de j..n

774	7月14日の革命記念日
	le 14 j...let

775	8月の第二週目
	la d...ième s...ine d'a..t

776	次の9月
	s...embre p...hain

777	10月の終わり
	f.n d'o...bre

778	11月中に
	dans le c...ant du m..s de n...mbre

779	12月末日
	le d...ier j..r de dé...bre

780	過去と現在
	le p...é et le p...ent

août
avril
courant
décembre
dernier
deuxième
fête
fin
jour
juillet
juin
mai
mois
novembre
octobre
passé
présent
prochain
semaine
septembre

771 à la mi-avril

772 le 1ᵉʳ mai

773 les fêtes de juin

774 le 14 juillet
[ʒɥijɛ]

775 la deuxième semaine d'août

776 septembre prochain

777 fin d'octobre
[fɛ̃]

778 dans le courant du mois de novembre

779 le dernier jour de décembre

780 le passé et le présent

仏語 français

音読もとても重要な勉強法だよ。

781	夜明けに	au p..it m...n
782	午前中に	d..s la m...née
783	午後遅く	en f.n d'a...s-m..i
784	夕暮れ	à la t..bée du s..r
785	美しい宵	une b..le s...ée
786	翌日の正午	le l...emain à m..i
787	前日の深夜	à m...it la v...le
788	近い将来に	d..s un p...he a...ir
789	ちょうど6時に	à six h...es p...ises
790	1分間の黙祷	une m...te de s...nce

après-midi
avenir
belle
dans
fin
heure
lendemain
matin
matinée
midi
minuit
minute
petit
précis
proche
silence
soir
soirée
tombée
veille

179

japonais

🎧 CD 41

781 au petit matin

782 dans la matinée

783 en fin d'après-midi

784 à la tombée du soir

785 une belle soirée

786 le lendemain à midi

787 à minuit la veille
        [vɛj]

788 dans un proche avenir

789 à six heures précises
        [presiz]

790 une minute de silence

もっと大声ではっきりと言ってみよう。

adulte
âge
an
congé
demi
dimanche
enfant
entre
famille
heure
journée
lundi
mardi
mercredi
mineur
moment
passer
tomber
travailler
vendredi

791 ５年前
il y a 5 a..s

792 今
en ce m...nt

793 （今日は）火曜日です。
Nous sommes m...i.

794 クリスマスは水曜日に当たる
Noël to..e un m...redi

795 月曜日から金曜日まで仕事をする
t...ailler du l...di au v...redi

796 家族と日曜日を過ごす
p...er le d...nche avec sa f...lle

797 ２時から３時の間に到着する
arriver e..re deux et trois h...es

798 半日休暇を取る
prendre une d..i-jo...ée de c..gé

799 成年
un â.e a...te

年齢・数量表現

800 未成年の子ども
un e...nt m...ur

791	il y a 5 ans
792	en ce moment
793	Nous sommes mardi.
794	Noël tombe un mercredi [mɛʁkʁədi]
795	travailler du lundi au vendredi
796	passer le dimanche avec sa famille
797	arriver entre deux et trois heures
798	prendre une demi-journée de congé
799	un âge adulte
800	un enfant mineur [minœʁ]

100個 一気食いへの挑戦！

挑戦日	所要時間	正答数
1 　　年　　月　　日	分　　　秒	/100
2 　　年　　月　　日	分　　　秒	/100
3 　　年　　月　　日	分　　　秒	/100
4 　　年　　月　　日	分　　　秒	/100
5 　　年　　月　　日	分　　　秒	/100
6 　　年　　月　　日	分　　　秒	/100
7 　　年　　月　　日	分　　　秒	/100
8 　　年　　月　　日	分　　　秒	/100
9 　　年　　月　　日	分　　　秒	/100
10 　　年　　月　　日	分　　　秒	/100

繰り返しは無限の喜びである

仏単語つれづれ草

« Ce n'est pas mal. » と « Ce n'est pas terrible. »。良いこと？悪いこと？

フランス語圏の人が頻繁に使う二つの表現，« Ce n'est pas mal. » と « Ce n'est pas terrible. » をご紹介します。

Ce n'est pas mal.（なかなか良い）

スイス人の友人を料理でもてなした後に，料理の味について « Ce n'était pas mal. » と言われたことがあります。「malではない」を「悪くない」と解釈すると，なんだかまずい料理の一歩手前のような気がしてしまいます。真心込めて作った料理をこのように評価をされ，ショックを受けました。しかし，この表現はたいてい良い意味を表しています。つまり，彼は料理が「なかなか良かった」と言ってくれたのです。友人の褒め言葉を誤って判断しないよう，« Ce n'est pas mal. » はいい意味であることを覚えておきましょう。

Ce n'est pas terrible.（大したことない）

terribleという形容詞を聞くと「恐ろしい」や「酷い」といった意味が真っ先に頭に浮かぶのではないでしょうか。« Ce n'est pas mal. » と同じ論理を当てはめてみると，これも良い意味を示すのではないかと思ってしまいます。友人に「昨日の映画どうだった？」と質問をすると，« Ce n'était pas terrible. » と言うので，期待して観たところものすごく酷い映画だったことがあります。実はterribleには「酷い」という意味の他に，「素晴らしい」という全く別の意もあります。ですから，この意の否定形は「大したことない」，「つまらない」となり，結局否定的な意味なのです！本当の意味を覚えれば，私のようにつまらない映画を観ずにすみますよ。

仏語 français

疲れたときには体のストレッチ。

801	平均寿命
	l'e...rance de v.e m...nne

802	20歳くらいの女性
	une femme d'une v...taine d'a...es

803	大人数
	un g...d n...re de p...onnes

804	全員が入る十分なスペース
	a...z de p...es pour tous

805	卵1ダース
	une d...aine d'œ..s

806	カラフ1杯の水
	une c...fe d'eau

807	スープ1杯
	un b.l de s..pe

808	ビール1杯
	un v...e de b...e

809	コーヒー1杯
	une t...e de c..é

810	ワイン1瓶
	une bo....lle de vin

année
assez
bière
bol
bouteille
café
carafe
douzaine
espérance
grand
moyen
nombre
œuf
personne
place
soupe
tasse
verre
vie
vingtaine

CD 42

801 l'espérance de vie moyenne

802 une femme d'une vingtaine d'années

803 un grand nombre de personnes

804 assez de places pour tous

805 une douzaine d'œufs
[ø]

806 une carafe d'eau

807 un bol de soupe

808 un verre de bière
[bjɛʀ]

809 une tasse de café

810 une bouteille de vin
[butɛj]

君の頭の中には、ピーナツがこんなにたまっているよ！

an
approcher
aspirine
cachet
confiture
cuillerée
dimension
fêter
feuille
mesure
nombre
pain
pair
papier
pot
réel
sirop
tranche
trentaine
unité

811 ジャム1瓶
un p.t de co...ture

812 パン1切れ
une t...che de p..n

813 紙1枚
une f...lle de p...er

814 アスピリン1錠
un c...et d'a...rine

815 シロップ1さじ
une c...lerée de s...p

816 偶数
un n...re p..r

817 測定単位
une u...é de m...re

818 原寸
la di...sion r...le

819 40歳を祝う
f..er ses 40 a.s

820 30代に近づく
ap...cher de la tr...aine

811	un pot de confiture
812	une tranche de pain [pɛ̃]
813	une feuille de papier
814	un cachet d'aspirine
815	une cuillerée de sirop [kɥijʀe]
816	un nombre pair
817	une unité de mesure
818	la dimension réelle [ʀeɛl]
819	fêter ses 40 ans
820	approcher de la trentaine

> フランス語は世界各国で使われているよ。

africain
asiatique
atteindre
cinquantaine
civilisation
continent
courir
égyptien
émergent
mesurer
mètre
national
pays
perdre
peser
peu
poid
prendre
seconde
territoire

821 50代に達する
at...ndre la ci...antaine

822 100メートルを10秒で走る
c...ir le 100 m...es en 10 s...ndes

823 軽い
p..er p.u

824 [〜キロ]太る／痩せる
pr...re / pe..re du p..ds

825 〜をメートル尺で測る
m...rer *qqc* au m...e

826 アジア諸国
les p..s a...tiques

827 新興国
des p..s ém...ents

828 アフリカ大陸
le co...nent af...ain

829 エジプト文明
la ci....sation ég....enne

830 国土
le t....toire n...onal

世界・国家

日本語
japonais

CD 43

821 **atteindre la cinquantaine**
[atɛ̃dʀ]   [sɛ̃kɑ̃tɛn]

822 **courir le 100 mètres en 10 secondes**

823 **peser peu**
[pəze]

824 **prendre / perdre du poids** [~ kilos]

825 **mesurer** *qqc* **au mètre**

826 **les pays asiatiques**

827 **des pays émergents**
[emɛʀʒɑ̃]

828 **le continent africain**

829 **la civilisation égyptienne**
[eʒipsjɛn]

830 **le territoire national**
[tɛʀitwaʀ]

仏語 français

とても考えさせられる1文だな。

831	世界人口
	la po...ation m...iale

832	フランス共和国大統領
	le p....dent de la Rép....que f....aise

833	三色旗（フランス国旗）
	le d...eau tr....ore

834	中東
	le M...n-Orient

835	国民の意思
	la vo...té du p...le

836	アメリカ国民
	un(e) ci...en(ne) a....cain(e)

837	身分証明書
	la c...e d'i...tité

838	カナダ大使館
	l'A...ssade du Canada

839	国際社会
	la co....auté int....tionale

840	欧州連合
	l'U...n e....éenne

ambassade
américain
carte
citoyen
communauté
drapeau
européen
français
identité
international
mondial
moyen
peuple
population
président
république
tricolore
union
volonté

日本語 / japonais

831	la population mondiale
832	le président de la République française [ʀepyblik]
833	le drapeau tricolore
834	le Moyen-Orient [mwajɛnɔʀjɑ̃]
835	la volonté du peuple
836	un(e) citoyen(ne) américain(e)
837	la carte d'identité
838	l'Ambassade du Canada
839	la communauté internationale
840	l'Union européenne

841	国際連合
	l'Or....sation des Nations U...es

842	永久移住
	l'im...ration p...anente

843	第一次世界大戦
	la Première G...re m...iale

844	外交関係
	les r....ions di....atiques

845	二国間協力
	la c...ération b...térale

846	難民に対する援助
	l'a..e aux réf...és

847	イギリス国籍を取得する
	obtenir la n....nalité br....nique

848	国境を越える
	f...chir la f...tière

849	連帯感を示す
	faire p...ve de s...darité

850	協定を結ぶ
	co...ure un a...rd

学べば学ぶほど、次の単語が気になるね。

accord
aide
bilatéral
britannique
conclure
coopération
diplomatique
franchir
frontière
guerre
immigration
mondial
nationalité
organisation
permanent
preuve
réfugié
relation
solidarité
uni

日本語 / japonais

CD 44

841 l'Organisation des Nations Unies [ONU]

842 l'immigration permanente
[pɛmanɑ̃t]

843 la Première Guerre mondiale

844 les relations diplomatiques

845 la coopération bilatérale
[bilateʀal]

846 l'aide aux réfugiés

847 obtenir la nationalité britannique

848 franchir la frontière

849 faire preuve de solidarité
[pʀœv]

850 conclure un accord
[kɔ̃klyʀ]

政治・社会

851	首相
	le Pr...er m...stre

852	文化多様性
	la d...rsité c...urelle

853	少数民族
	la m...rité e...ique

854	三権分立
	la sé...ation des p...oirs

855	憲法の尊重
	le r...ect de la c...titution

856	報道の自由
	la li...té de la p...se

857	法の名において
	au n.m de la l.i

858	高官
	un h..t fo....onnaire

859	行政改革
	une ré...me a....istrative

860	選挙権
	le d..it de v..e

だんだんフランス語が聞き取れるようになってきた！

administratif
constitution
culturel
diversité
droit
ethnique
fonctionnaire
haut
liberté
loi
ministre
minorité
nom
pouvoir
premier
presse
réforme
respect
séparation
vote

851 le Premier ministre

852 la diversité culturelle

853 la minorité ethnique
[ɛtnik]

854 la séparation des pouvoirs

855 le respect de la constitution
[Rɛspɛ] ◀発音

856 la liberté de la presse

857 au nom de la loi

858 un haut fonctionnaire
[o]   [fɔ̃ksjɔnɛʀ]

859 une réforme administrative
[administʀativ]

860 le droit de vote

仏語 français

フランス語でシャンソンを歌ってみては？

861	保守派の議員
	un d...té du p...i co....vateur

862	直接民主制
	la dé....atie d...cte

863	軍部独裁
	une di...ture m....aire

864	選挙運動
	une ca...gne é....orale

865	国民議会選挙の結果
	les résultats des él...ions lé....atives

866	与党
	le p...i au p...oir

867	野党の党首
	le c..f de l'op....tion

868	社会と個人
	la société et l'in...idu

869	公益
	l'i...rêt p...ic

870	社会問題
	un p...lème s...al

campagne
chef
conservateur
démocratie
député
dictature
direct
élection
électoral
individu
intérêt
législatif
militaire
opposition
parti
pouvoir
problème
public
social

日本語 japonais

CD 45

861 un député du parti conservateur

862 la démocratie directe

863 une dictature militaire
     [diktatyʀ]

864 une campagne électorale

865 les résultats des élections législatives

866 le parti au pouvoir

867 le chef de l'opposition

868 la société et l'individu
                    [ɛ̃dividy]

869 l'intérêt public

870 un problème social

仏語 / français

> ピー単をここまで進めた君は、単語がスラスラ言えるようになったね。

classe
conflit
délit
discrimination
élevé
entre
féministe
inégalité
injustice
manifestation
mineur
mouvement
niveau
opinion
organisation
pacifiste
pauvre
racial
terroriste
victime

871 不正の犠牲者
une v...ime d'in...tice

872 意見の対立
un c...lit d'o...ion

873 軽犯罪
un d...t m...ur

874 テロ組織
l'or...isation t...oriste

875 人種差別
la di....mination r...ale

876 男女間の格差
l'in....ité e...e les hommes et les femmes

877 フェミニズム運動
le m...ement fé...iste

878 貧困層
les c...ses p...res

879 高い生活水準
le n...au de vie é...é

880 平穏なデモ
une m....estation p...fiste

871	**une victime d'injustice**
	[ɛ̃ʒystis]

872	**un conflit d'opinion**

873	**un délit mineur**
	[minœʀ]

874	**l'organisation terroriste**

875	**la discrimination raciale**

876	**l'inégalité entre les hommes et les femmes**

877	**le mouvement féministe**
	[muvmɑ̃]

878	**les classes pauvres**

879	**le niveau de vie élevé**

880	**une manifestation pacifiste**

えーと、それについてはちょっと考えてみるね。

881 国民投票を行う
□□□ or...iser un ré....ndum

882 組閣する
□□□ f...er un go....nement

883 右翼に投票する
□□□ v..er à d...te

884 ボルドー市長に選出される
□□□ être é.u(e) m..re de Bordeaux

885 平和を維持する
□□□ m...tenir la p..x

886 怠慢な従業員
□□□ un(e) e...oyé(e) p...sseux(euse)

887 賃金労働者と雇用者
□□□ les s...riés et les p...ons

888 若い実習生
□□□ un(e) j..ne s...iaire

889 高等教育を修了した求職者
□□□ un(e) c...idat(e) di...mé(e)

890 パートタイムの仕事
□□□ le travail à t..ps p...iel

candidat
diplômé
droite
employé
être élu
former
gouvernement
jeune
maintenir
maire
organiser
paix
paresseux
partiel
patron
référendum
salarié
stagiaire
temps
voter

日本語
japonais

 CD 46

881 organiser un référendum
[ʀefeʀɑ̃dɔm]

882 former un gouvernement

883 voter à droite

884 être élu(e) maire de Bordeaux
[mɛʀ]

885 maintenir la paix

886 un(e) employé(e) paresseux(euse)
[paʀesø(øz)] ◀発音

887 les salariés et les patrons

888 un(e) jeune stagiaire
[staʒjɛʀ]

889 un(e) candidat(e) diplômé(e)

890 le travail à temps partiel
[paʀsjɛl]

目標まで
あと少し！

891	年棒
	le s...ire a...el

892	任期なし雇用契約
	le c...rat à d...e indét....née

893	出張
	un voyage d'a...ires

894	職場
	le l..u de travail

895	労働組合
	le s...icat o...ier

896	ストライキ中の工場
	une u..ne en g..ve

897	求人広告
	l'a...nce de re....ement

898	集団解雇
	le li....iement c...ectif

899	手仕事
	un mé..er m...el

900	中小企業
	les p...tes et m....nes e...prises

affaire
annonce
annuel
collectif
contrat
durée
entreprise
grève
indéterminé
licenciement
lieu
manuel
métier
moyen
ouvrier
petit
recrutement
salaire
syndicat
usine

日本語 japonais

891 le salaire annuel

892 le contrat à durée indéterminée [C.D.I]

893 un voyage d'affaires

894 le lieu de travail

895 le syndicat ouvrier
[sɛ̃dika] ◀発音 [uvʀije]

896 une usine en grève
[yzin]

897 l'annonce de recrutement
[ʀ(ə)krytmɑ̃]

898 le licenciement collectif

899 un métier manuel

900 les petites et moyennes entreprises [PME]

100個 一気食いへの挑戦！

挑戦日	所要時間	正答数
1 年　月　日	分　　　秒	/100
2 年　月　日	分　　　秒	/100
3 年　月　日	分　　　秒	/100
4 年　月　日	分　　　秒	/100
5 年　月　日	分　　　秒	/100
6 年　月　日	分　　　秒	/100
7 年　月　日	分　　　秒	/100
8 年　月　日	分　　　秒	/100
9 年　月　日	分　　　秒	/100
10 年　月　日	分　　　秒	/100

繰り返しは無限の喜びである

仏単語つれづれ草

septembre dernier はいったい何時のこと？

　スイス滞在中の年末に，スイス人の友人と食生活の話題で盛り上がって話をしていました。ふと，彼女がいつから本格的に食生活を変えたのか聞いてきたので，私は « septembre dernier » と答えました。すると彼女が，生活スタイルを数か月で急激に変化させた秘訣は何かと私に聞くのです。ただ私は前年の9月より少しずつ変えてきたので，なぜ彼女が数か月での変化を求めているのか最初は理解に苦しみました。会話を進めていくうちに，私がその年の9月から新しい生活スタイルに取り組んでいると彼女が思っていることに気が付きました。

　なぜなら，dernier の使い方が間違っていたからです。昨年が l'année dernière ですから，形容詞 dernier を「昨年の」と関連付けてしまったのですが，実際には「この間の」という意味になります。つまり，この会話があった年末から「この間の9月」というのは，その年の9月を表しているのです。prochain も同様に，必ずしも来年という意ではなく，「今度の」を表します。「昨年の／来年の9月」と言う場合には，« en septembre l'année dernière / l'année prochaine » になります。

　この表現をややこしく感じるのは非フランス語圏の人だけではないようです。フランス人二人がある水曜日にスケジュール調整について話し合っているのを耳にしました。一人が jeudi prochain と言うと，もう一人が「つまり，明日のこと？」と聞きかえしたのですが，実際には翌週の木曜日についてでした。折角の約束が台無しにならないよう，ご注意を！

穏やかな気持ちが勉強の向上につながるよ。

901 多国籍企業
une s...été m....nationale

902 本社
le s...e s...al

903 企業の親会社
la maison m..e d'une e....prise

904 取締役会長兼社長
le p....dent-d....teur gé...al

905 保険会社
une co...gnie d'as....nce

906 アシスタントを雇う
e...ucher un(e) a...stant(e)

907 〜の職に就いている
p...iquer la p...ession de *qqc*

908 求職する
c...cher un e...oi

909 失業中である
être au c...age

910 よい条件で働く
tr....ller dans de bonnes co....ions

assistant
assurance
chercher
chômage
compagnie
condition
directeur
embaucher
emploi
entreprise
général
mère
multinational
pratiquer
président
profession
siège
social
société
travailler

japonais

💿 CD 47

| 901 | une société multinationale |
[myltinasjɔnal]

| 902 | le siège social

| 903 | la maison mère d'une entreprise

| 904 | le président-directeur général

| 905 | une compagnie d'assurance

| 906 | embaucher un(e) assistant(e) |
[ãboʃe]

| 907 | pratiquer la profession de *qqc*

| 908 | chercher un emploi

| 909 | être au chômage

| 910 | travailler dans de bonnes conditions

仏語 français

天気の良い日には外で友達と勉強だ！		
	911	退職する
		p...dre sa r...aite
	912	離任する
		q...ter son p..te
	913	生計を立てる
		g...er sa v.e
	914	第三セクター
		le s...eur t...iaire
	915	卸売業
		le co...rce de g..s
	916	自動車産業
		l'in...trie au...obile
	917	輸入国
		des p..s im...tateurs
	918	石油資源
		des re...urces pé...lières
	919	原料
		des m...ères p...ières
	920	工事現場
		un c...tier de co...ruction

ビジネス

automobile
chantier
commerce
construction
gagner
gros
importateur
industrie
matière
pays
pétrolier
poste
premier
prendre
quitter
ressource
retraite
secteur
tertiaire
vie

209

911 prendre sa retraite

912 quitter son poste

913 gagner sa vie

914 le secteur tertiaire
[tɛrsjɛr] ◀発音

915 le commerce de gros

916 l'industrie automobile

917 des pays importateurs

918 des ressources pétrolières
[ʀ(ə)surs]   [petʀɔljɛr]

919 des matières premières

920 un chantier de construction
[ʃɑ̃tje]

仏 語 français

そのうちに夢もフランス語で見るようになるよ。

achat
appareil
chaîne
coût
distribution
domicile
étranger
fabrication
garantie
investissement
livraison
main
manque
œuvre
production
savoir
service
système
technique
vente

921 生産ライン
la c...ne de f...ication

922 販売と購入
la v..te et l'a..at

923 技術面のノウハウ
le s...ir-faire t...nique

924 生産コスト
le c..t de pr...ction

925 人手不足
le m...ue de m..n-d'œ..re

926 宅配
la l....ison à d...cile

927 流通システム
le sy...me de d....ibution

928 アフターサービス
le s...ice après-v...e

929 保証付きの商品
un a...reil sous ga...tie

930 海外投資
l'in....issement à l'ét...ger

CD 48

921 la chaîne de fabrication

922 la vente et l'achat

923 le savoir-faire technique

924 le coût de production

925 le manque de main-d'œuvre
[mɛ̃dœvʀ]

926 la livraison à domicile

927 le système de distribution

928 le service après-vente

929 un appareil sous garantie
[apaʀɛj]

930 l'investissement à l'étranger

931	大損
	une p..te im...tante
932	顧客満足を向上させる
	a...iorer la s....faction des clients
933	製品を輸出する
	ex...ter des p...uits
934	利益を上げる
	faire des b...fices
935	財布
	le p..te-m...aie
936	銀行口座
	un c...te b...aire
937	ATM
	le di....buteur au....tique de b...ets
938	振り込み支払い
	le p...ment par v...ment
939	莫大な財産
	une i...nse f...une
940	間接税
	l'i...t i...rect

ここまで頑張ってきてくれて、本当にありがとう。

金・経済

améliorer
automatique
bancaire
bénéfice
billet
compte
distributeur
exporter
fortune
immense
important
impôt
indirect
monnaie
paiement
perte
porte
produit
satisfaction
virement

931	une perte importante
932	améliorer la satisfaction des clients [klijã] ◀発音
933	exporter des produits
934	faire [réaliser] des bénéfices
935	le porte-monnaie
936	un compte bancaire
937	le distributeur automatique de billets [distʀibytœʀ]
938	le paiement par virement
939	une immense [grosse, grande] fortune [fɔʀtyn]
940	l'impôt indirect

仏語 français

フランス語だと「供給と需要」の順だよ。

941	需要と供給
	l'o..re et la d...nde

942	税別価格
	le p..x h..s t...s

943	脱税
	la fr...e f...ale

944	両替所
	le b...au de ch..ge

945	金利
	le t..x d'in....t

946	クレジットカード
	la c..te de c...it

947	ユーロ圏
	la z..e e..o

948	金融危機
	une c..se f....cière

949	パリ証券取引所
	la Bo...e de Paris

950	世界経済
	l'é...omie m...iale

bourse
bureau
carte
change
crédit
crise
demande
économie
euro
financier
fiscal
fraude
hors
intérêt
mondial
offre
prix
taux
taxe
zone

japonais

 CD 49

941 l'offre et la demande
[ɔfʀ]

942 le prix hors taxes [HT]

943 la fraude fiscale
[fʀod]

944 le bureau de change

945 le taux d'intérêt

946 la carte de crédit

947 la zone euro

948 une crise financière
[finɑ̃sjɛʀ]

949 la Bourse de Paris
[buʀs]

950 l'économie mondiale

仏語 français

> ピー単を使い込んだのは、熱心に勉強した証。

951	経済成長
	la cr....ance éc....ique

952	市場の国際化
	la m....alisation des m...hés

953	自由貿易
	le l..re-é...nge

954	大量消費
	la co....mation de m..se

955	金を稼ぐ
	g...er de l'a...nt

956	現金で支払う
	p..er en l...ide

957	小切手にサインをする
	s...er un c...ue

958	金を借りる
	p...er de l'a...nt

959	借金を返済する
	re....rser ses d...es

960	年金を受け取る
	to...er sa p...ion

argent
chèque
consommation
croissance
dette
échange
économique
gagner
libre
liquide
marché
masse
mondialisation
payer
pension
prêter
rembourser
signer
toucher

日本語 japonais

951 **la croissance économique**

952 **la mondialisation des marchés**

953 **le libre-échange**

954 **la consommation de masse**

955 **gagner de l'argent**

956 **payer en liquide**
[likid]

957 **signer un chèque**
[ʃɛk] ◀発音

958 **prêter de l'argent**

959 **rembourser** [payer / régler] **ses dettes**
[ʁɑ̃buʁse]

960 **toucher sa pension**

情報・先端技術

961	節約する
	f..re des é....mies

962	情報技術
	les te....logies de l'in...mation

963	データ流出
	la f..te de d...ées

964	コンピューターの著作権侵害
	le p...tage in....atique

965	ソーシャルメディア
	les ré...ux s...aux

966	無料のソフトウェア
	un l...ciel g...uit

967	ノートパソコン
	l'o...nateur p...able

968	ワイヤレスマウス
	la s...is sans f.l

969	無線LAN接続
	la c...exion wifi

970	インターネットブロードバンド
	In...net à h..t d..it

connexion
débit
donnée
économie
faire
fil
fuite
gratuit
haut
information
informatique
Internet
logiciel
ordinateur
piratage
portable
réseau
social
souris
technologie

CD 50

961. **faire des économies**

962. **les technologies de l'information [TI]**

963. **la fuite de données**
[fɥit]

964. **le piratage informatique**
[piʀataʒ]

965. **les réseaux sociaux**
[ʀezo] ◀発音

966. **un logiciel gratuit**

967. **l'ordinateur portable**

968. **la souris sans fil**
[fil]

969. **la connexion wifi**

970. **Internet à haut débit**
[debi]

仏語 français

971	インターネットサービスプロバイダー
	un f...nisseur d'a...s à I...rnet

972	ホームページ
	une p..e d'a...eil

973	タブレット
	une t...ette n...rique

974	メモリーカード
	une c..te m...ire

975	大きなスクリーン
	un g...d é...n

976	テレビゲーム
	le j.u v..éo

977	停電
	une p..ne d'él...ricité

978	USBフラッシュドライブ
	une c.é USB

979	受信ボックス
	une b...e de r...ption

980	先端技術
	les te...ologies de p...te

僕も君も自信満々！

accès
accueil
boîte
carte
clé
écran
électricité
fournisseur
grand
Internet
jeu
mémoire
numérique
page
panne
pointe
réception
tablette
technologie
vidéo

221

| 971 | **un fournisseur d'accès à Internet**
[fuʀnisœʀ]

| 972 | **une page d'accueil**
[akœj]

| 973 | **une tablette numérique**

| 974 | **une carte mémoire**

| 975 | **un grand écran**

| 976 | **le jeu vidéo**
[ʒø] ◀発音

| 977 | **une panne d'électricité** [de courant]
[pan]

| 978 | **une clé USB**

| 979 | **une boîte de réception**

| 980 | **les technologies de pointe**

仏 語
français

残りあと2ページで終わりだ。ラストスパート！

981	携帯アプリケーション
	une ap...cation m...le

982	ウイルス防止プログラム
	un pr....mme a.ti-vi..s

983	アップデート
	la m..e à j..r

984	自動運転車
	la v...ure aut...me

985	産業ロボット
	un r...t in...triel

986	パスワード
	le m.t de p...e

987	研究開発
	la re...rche et le dé....ppement

988	優れた研究者
	un(e) gr..d(e) ch....eur(euse)

989	技術革新
	l'i...vation te...ologique

990	新発見
	une n...elle dé...verte

anti-virus
application
autonome
chercheur
découverte
développement
grand
industriel
innovation
jour
mise
mobile
mot
nouvelle
passe
programme
recherche
robot
technologique
voiture

CD 51

981 une application mobile

982 un programme anti-virus
[virys] ◀発音

983 la mise à jour

984 la voiture autonome

985 un robot industriel

986 le mot de passe

987 la recherche et le développement
[ʀ(ə)ʃɛʀʃ] [dev(ə)lɔpmɑ̃]

988 un(e) grand(e) chercheur(euse)

989 l'innovation technologique

990 une nouvelle découverte

仏 語
français

> やった！
> ゴール到着おめでとう!!

991 知的財産
la p...riété in...lectuelle

992 人工知能
l'int...igence ar...icielle

993 バーチャルリアリティー
la r...ité v...uelle

994 インターネットを閲覧する
na...uer sur I...rnet

995 ファイルをダウンロードする
télé....ger un fi...ier

996 新しいドキュメントを保存する
s...egarder un n...eau do...ent

997 携帯を充電する
re...rger un p...able

998 ダブルクリックする
cl...er deux fois

999 新製品をテストする
t...er un n...eau p...uit

1000 仮説を証明する
co....mer une h...thèse

artificiel
cliquer
confirmer
document
fichier
hypothèse
intellectuel
intelligence
Internet
naviguer
nouveau
portable
produit
propriété
réalité
recharger
sauvegarder
télécharger
tester
virtuel

991	**la propriété intellectuelle**
	[ɛ̃telɛktyɛl]
992	**l'intelligence artificielle**
	[aʀtifisjɛl]
993	**la réalité virtuelle**
	[viʀtyɛl]
994	**naviguer sur Internet**
995	**télécharger un fichier**
	[fiʃje] ◀発音
996	**sauvegarder un nouveau document**
997	**recharger un portable**
998	**cliquer deux fois**
999	**tester un nouveau produit**
1000	**confirmer une hypothèse**
	[ipɔtɛz]

100個 一気食いへの挑戦!

挑戦日	所要時間	正答数
1　　年　　月　　日	分　　秒	/100
2　　年　　月　　日	分　　秒	/100
3　　年　　月　　日	分　　秒	/100
4　　年　　月　　日	分　　秒	/100
5　　年　　月　　日	分　　秒	/100
6　　年　　月　　日	分　　秒	/100
7　　年　　月　　日	分　　秒	/100
8　　年　　月　　日	分　　秒	/100
9　　年　　月　　日	分　　秒	/100
10　　年　　月　　日	分　　秒	/100

繰り返しは無限の喜びである

仏単語つれづれ草

faux ami にご用心！

　フランス語を勉強する方なら，faux ami という言葉を聞いたことがあるのではないでしょうか。直訳で「偽の友だち」となるこれは，空似言葉のことです。特にフランス語を学ぶ前に英語を学んだことのある人でしたら，英語と似ているのに意味が全く違う単語に出会ったことがあるかと思います。仏英の faux ami はたくさんありますが，フランス語初心者が学ぶ単語では，librairie が良い例です。英語の library（図書館）によく似たこれは書店を表し，図書館は bibliothèque という別の単語です。

　faux ami に振り回されるのは，どうやら非フランス語圏の人だけではないようです。フランス人の友人が英語で書いたメールを添削してほしいというので，その内容を見たところ "I am looking forward to assisting the theatre."（演劇を手伝いに行くのが楽しみです。）という一文がありました。演劇を観に行くと聞いていたので，「手伝う」の意の assist という動詞を見て驚きました。彼が言わんとしている内容は « assister au théâtre » であり，「出席する」や「観に行く」の意の assister でした。演劇を観るだけのつもりが，手伝いまですることになったら大変ですよね。

　空似言葉を誤って使って空約束のすることのないよう，faux ami には用心しましょう！

おわりに

　本書を最後まで無事に終えることのできた学習者の皆さん，おめでとうございます。仏単語ピーナツ1000個のお味はいかがでしたか。

　皆さんは，本書を通してピーナツを一つひとつ獲得してきました。最後の一つまで食べ終えたことは，1000という決して少なくないフランス語表現を全て自分のものにした証です。ここで手に入れたピーナツたちがこの先のフランス語学習，さらにはフランス語圏の人との会話できっと活かされるに違いありません。また，ピーナツの中に入っている単語を組み合わせることで，皆さんはフランス語の表現をいくつも自由自在に使いこなせるようになりました。

　著者の私たち二人もまたフランス語を外国語として学びましたので，習得にどれほどの努力や時間を要するのか十分に理解しています。しかし，新しい単語に出会い，それを実生活で使えたときの達成感を味わうと，この先もさらに学び続ける意志を見出すことができるのです。食べ始めるとやめられないピーナツのように，味わい深いフランス語もやめられません！

　本書を手に取ってくださり，誠にありがとうございました。皆さんのますますのご健闘をお祈りいたします。Bonne continuation !

彦坂 メアリー (Mary HIKOSAKA)
カナダのブリティッシュ・コロンビア大学教養学部フランス語学科卒。3年次にスイスのフランス語圏にあるローザンヌ大学に1年留学。卒業後に帰国し、日本語・フランス語・英語の通訳者・翻訳者として働く。2016年8月に米国カルフォルニア州のミドルベリー国際大学院モントレー校の通訳・翻訳修士課程に入学。

キム・ジュンホ (Junho KIM)
韓国の高麗大学校教養学部社会学科、フランス語・フランス文学科卒。交換留学生としてスイスのフランス語圏にあるローザンヌ大学で1年学ぶ。卒業後に韓国外国語大学通訳・翻訳大学院の韓仏科修士課程に進む。学業に励む傍ら、フリーランスの通訳者・翻訳者としても働く。

仏単語ピーナツ BASIC 1000　CD付

2016年10月27日　1刷

著　者	彦　坂　メ ア リ ー
	キ ム ・ ジ ュ ン ホ
発行者	南　雲　一　範
印刷所	日本ハイコム株式会社
製本所	有限会社松村製本所
発行所	株式会社　南　雲　堂

東京都新宿区山吹町361番地／〒162-0801
振替口座・00160-0-46863
TEL (03)3268-2311
FAX (03)3260-5425
E-mail：nanundo@post.email.ne.jp
URL：http://www.nanun-do.co.jp

乱丁・落丁本はご面倒ですが小社通販係宛ご送付下さい。
送料小社負担にてお取替えいたします。

Printed in Japan　（検印省略）
ISBN 978-4-523-25163-7　C0085　<G-163>

学習に便利な『日本語→フランス語』の音声をダウンロード販売中！

定価400円＋税

DL-MARKET
http://www.dlmarket.jp/
『仏単語ピーナツ』でサイト内検索！

仏単語ピーナツ BASIC 1000

英語も勉強

英単語ピーナツほど
おいしいものはない

元祖!!

清水かつぞー
著

東大生もみんな読んでいた!?

全国の書店にて 絶賛 発売中!

英単語探求の道!!
したい方は！

金 Going for the Gold
メダルコース 【改訂新版】フルカラー
定価（本体 1,000 円＋税）
ISBN978-4-523-25155-2 C7082

銀 Going for the Silver
メダルコース 【改訂新版】フルカラー
定価（本体 1,000 円＋税）
ISBN978-4-523-25154-5 C7082

銅 Going for the Silver
メダルコース 【改訂新版】フルカラー
定価（本体 1,000 円＋税）
ISBN978-4-523-25153-8 C7082

英単語ピーナツ BASIC 1000
安河内哲也／佐藤誠司　共著
定価（本体 980 円＋税）
ISBN978-4-523-25156-9 C7082

英単語ピーナツ JUNIOR
大岩秀樹／佐藤誠司　共著
定価（本体 950 円＋税）
ISBN978-4-523-25157-6 C7082

南雲堂
〒162-0801　東京都新宿区山吹町 361
TEL 03-3268-2311　FAX 03-3260-5425
URL http://www.nanun-do.co.jp